女たちの壬申の乱

水谷千秋

文春新書

1324

はじめに

昭和五十年初夏、滋賀県で開催された全国植樹祭に出席した昭和天皇は、五月二十四日、同県大津市御陵町にある弘文《こうぶん》天皇陵（長等《ながら》山前《やまさき》陵）を参拝した。弘文天皇とは、壬申の乱で大海人《おおあま》皇子（天武《てんむ》天皇）と戦って敗れ、自殺した、天智《てんじ》天皇の皇子、大友《おおとも》皇子のことである。大友皇子は父天智天皇の崩じた後、その後継者として近江朝廷を主宰したが、『日本書紀』は彼が即位したとは記していない。しかし明治三年、大友皇子は初めて歴代天皇の列に加えられ、弘文天皇と諡号《しごう》された。これに伴い、それまで亀丘とよばれていたこの古墳が弘文天皇陵として選ばれ、墳丘や遥拝所に至る参道等も御陵にふさわしく大幅に整備された。ここへはかつて明治四十四年、明治天皇が訪れている。昭和五十年の天皇参拝は、以来二度目、昭和天皇にとって初めての参拝であった。

西暦六七二年七月二十三日に亡くなった大友皇子の首は、その三日後の二十六日、美濃国不破《ふわ》郡の本営にいた叔父大海人皇子のもとに届けられ、本人のそれと確認された。皇子の墓については、古代の史料には一切記載がない。これは謀反人として正式な埋葬もされていなかったからであろう。したがって明治に決められたこの天皇陵は事実は彼の墓ではない。それにしても、乱から千二百年以上経って、初めて明治天皇、次いで昭和天皇が頭を垂れてこの皇子の冥福を祈ったのであった。

　このとき滋賀県庁では戦後二度目となる天皇の行幸をうけて、県内各所を訪問されるその姿を記録するため、職員による写真撮影を手分けして行なった。当時、県立図書館の次長だった私の亡父は、たまたまこの弘文天皇陵参拝の撮影係を命ぜられ、中学一年生の私は下見をする父に付き合わされた思い出がある。自転車で二十分ほどかけて初めて訪れた御陵は、大津市役所の背後にある静謐な森のなかにあった。カメラを覗く父に言われて、モデルを務めさせられ、L字形になった参道を何度かゆっくり歩かされた。本番で撮った写真は見たことがなかったが、特に何も言っていなかったので、失敗はしなかったのだろう。翌日の新聞には「感無量でした」という参拝を終えてのコメントが載っていた。この一言に日本史上に類を見ない骨肉の戦いをふまえた、万感の思いがこめられているに違いない、と両親と共に感心したのを覚えている（のちに他の天皇陵を参拝された折にも同じコメントだったのを発見したが）。

これまでも壬申の乱をとりあげた本は何冊もある。なかでも直木孝次郎、亀田隆之《たかし》、北山茂夫といった先学の著書は今も大いに裨益されるところが多い。本書は、古代最大の内乱ともいわれるこの戦争を、今までとはいささか異なる視点から捉え直してみたいと考えている。それは女性に焦点を当てた壬申の乱である。天智天皇や大海人皇子、大友皇子らと彼らに関わった女性たちの、これまで表に現れていなかった史実を録《ろく》そうとしたものである。古代最大の内乱といわれるこの戦争における女たちの歴史である。特にここで現れるのは、天智天皇（中大兄《なかのおおえ》）の娘にして伯父大海人皇子（天武《てんむ》天皇）の妃となり、のちに即位する持統《じとう》天皇、古人大兄《ふるひとのおおえ》皇子の娘で天智天皇の皇后である倭姫《やまとひめ》皇后、蘇我倉山田石川麻呂の娘で、中大兄に嫁いだ遠智娘《おちのいらつめ》と姪娘《めいのいらつめ》、大海人の后妃の榖媛娘《かじひめのいらつめ》、万葉歌人として名高い額田王《ぬかたのおおきみ》、天智の娘元明《げんめい》天皇、大海人と額田王との間の娘で大友皇子に嫁いだ十市《といち》皇女などである。彼女たちにとって壬申の乱は、それぞれの意味を持ち、人生の大きな転換点となった。

『女たちの壬申の乱』◎目次

第一章　乱の経緯

動乱の近江遷都

まずは、意外と知られていない壬申の乱の経緯を、『日本書紀』の記述に拠りながら詳しくたどっていきたい。

二十歳にしてのちに乙巳《いっし》の変とよばれる蘇我蝦夷《そがのえみし》・入鹿《いるか》打倒のクーデターを主導し、その後の大化の改新を主導した中大兄は、母斉明《さいめい》天皇が崩御したのちも六年間は正式な即位をせず、皇太子としての立場で国政を総理した。

なおこの皇子の名前は、『日本書紀』では「中大兄」で一貫しており、そう表記するのが本来正しい（直木孝次郎「中大兄の名称をめぐる諸問題」『日本書紀研究』第二十七冊、二〇〇六年）が、本書では便宜上「皇子」を付けて「中大兄皇子」と表記することもあるの

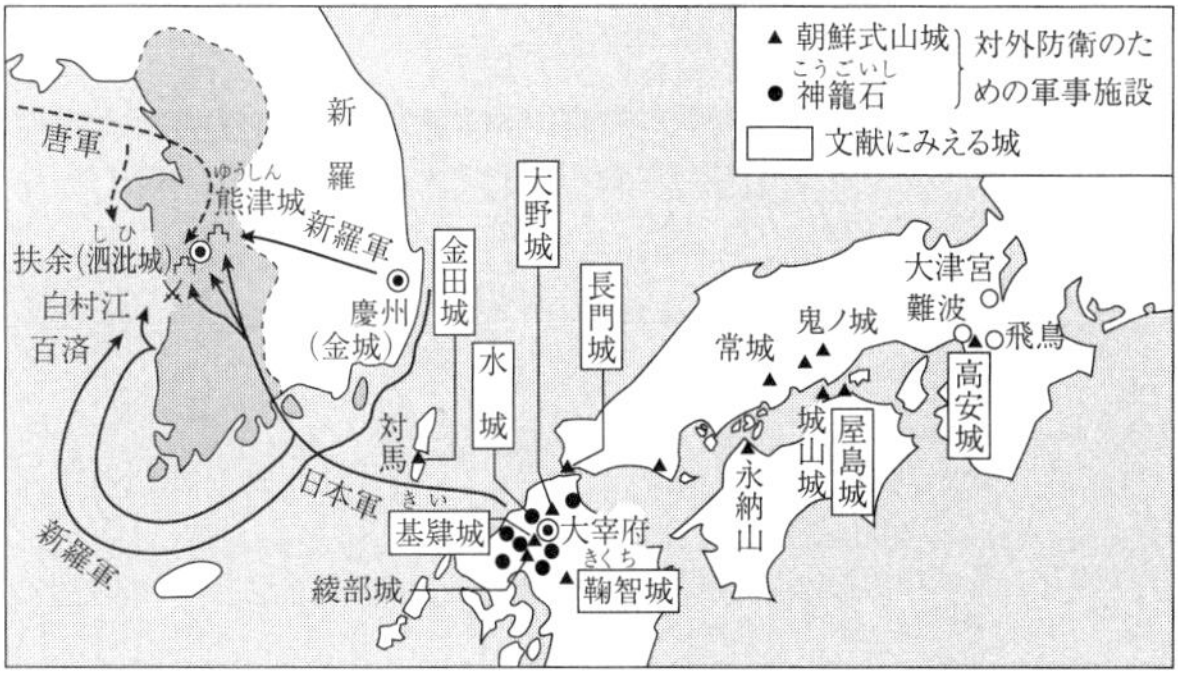

白村江の戦

をあらかじめご理解いただきたい。

称制から七年目にようやく正式即位したのは、新しく遷都した近江大津宮においてであった。この間、倭国＝日本は、唐・新羅《しらぎ》に滅ぼされた同盟国百済《くだら》の復興のために数万の援軍を送り、斉明天皇・中大兄以下も筑紫に移った。しかし斉明はそこで病没し、遠征軍はその後に半島の白村江《はくすきのえ》で大敗、朝廷は存亡の危機を迎えた。唐・新羅連合軍が勢いに乗じて玄界灘を渡り、九州へ侵攻するという情報もあり、国は臨戦態勢を強いられた。近江遷都はそうした国際的危機のなかでの防衛上の必要から実行されたものではないか、との見方が有力である。

近江の都は難波《なにわ》津《つ》に面した摂津・河内より奥に位置し、奈良盆地からさらに山を隔てている。背後に琵琶湖を控え、いざという時は、水路にて東海、北陸へといち早く避難ができる。そうした国防上の要素がこの遷都には大きかったといわれる。

長らくその故地は明らかでなかったが、戦後三十年近く経って、ようやく現在の大津市錦織《にしこおり》の付近にこの都があったことが判明した。壬申の乱で滅ぶまで、約五年の短い命の都であった。

天智天皇の崩御

天智天皇がこの近江の都で崩じたのは、四十六歳の時であった。その後継者には、皇子の大友皇子が内定していた。天皇の長男の大友皇子は、この年の初めに新設の太政大臣に就任したが、この職は事実上の皇太子としての意味を持っていたようである。それ以前は、天皇の弟の大海人皇子が最も有力な後継候補だったとみられるが、天智十年正月に発足した新しい官制では、二十四歳の大友皇子が重職に抜擢され、大きく形勢が逆転した。

その年の十月十七日、病床に臥せった天智天皇は、大海人皇子を喚び、皇位を譲る意向を明らかにするが、大海人はその意思のないことを表明し、代わりに皇后倭姫《やまとひめ》を即位させ、大友皇子にその補佐をさせることを提案した。自身は、兄である天皇の病気平癒を祈るために出家すると言い、ただちに頭を剃り吉野へ下った。

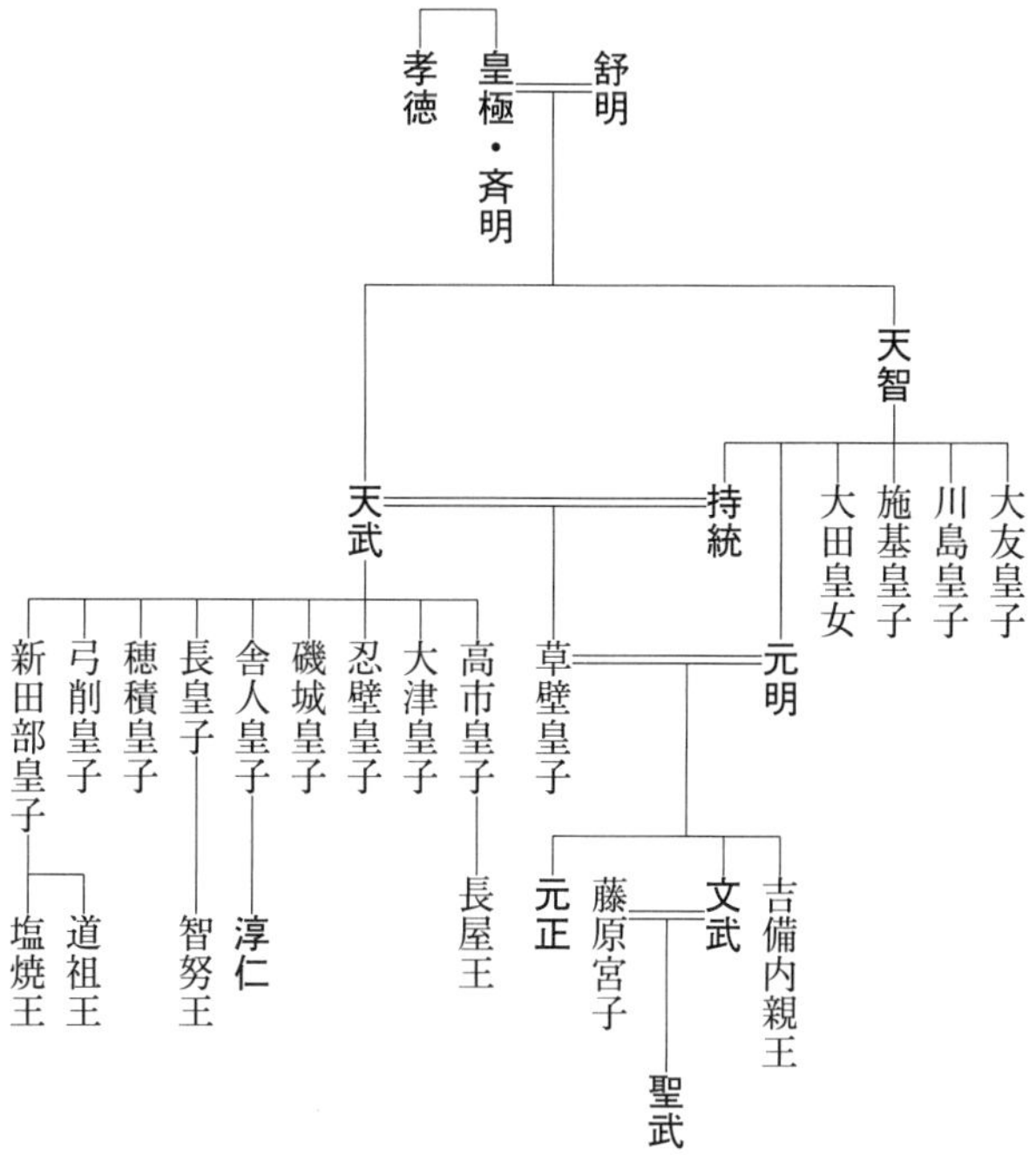

天皇家系図

それからひと月半ほどのちの十二月三日、天智はこの近江の宮で崩じた。その後、正式な即位をしたかどうかには議論があるものの、大友皇子が後継者として天智亡き後の近江朝廷を主宰したことは間違いない。大海人は、舎人《とねり》と女子、子どもたち三十数人だけで吉野に隠遁していたが、天智が崩じても近江には戻らなかった。身の危険があるからであろう。それが天智の崩御から五カ月経った五月の或る日から、風雲急を告げる事態となった。

大海人皇子の決断

大海人に従い、吉野にいた舎人の朴井連雄君《えのいのむらじおきみ》が、「私事」により美濃へ赴いた（生家が美濃にあったのだろう）途次で、近江の朝廷が美濃と尾張の国司（地方官）に天智天皇の御陵を造るために人夫の動員を命じ、実際は彼らに武器を持たせている、との情報を注進したのであった。また別の者の報告によると、朝廷は近江から大和までの要所に斥候を配置し、宇治橋を封鎖して大海人皇子の舎人が吉野まで食料を運ぶのを妨害している、とのことであった。

大海人は始めはこれらの情報を信じなかったが、真偽を探らせたところ、やはり真実だということがわかり、ついに吉野脱出を決意するのである。

「朕、位を譲り世を遁《のが》るる所以は、独り病を治め、身を全《まった》くして、永《ひたぶる》に百年を終へむのみ。然るに今し、やむこと獲《え》ずして禍を承《う》けむとす。何ぞ黙して身を亡《ほろぼ》さむや」

（「朕が皇位を譲って遁世した理由は、一人で病を治し、健康になって寿命を全うしようと思ったからだけだ。にもかかわらず、今避けられない禍をこうむろうとしている。どうして黙って身を亡ぼすものか」）

大海人はそう言ったという。天下を我が物に、という野心からではなく、あくまで我が身を守るための苦渋の決断だったことが強調されている。

六月二十二日。ついに行動を起こす。彼はまず配下の者三人（村国連男依《むらくにのむらじおより》・和珥《わに》部臣君《べのおみきみ》手《て》・身《む》毛君広《げのきみひろ》）に最初の作戦を指示した。それは、まず急ぎ美濃国に走り、この国の安八《あはち》磨《ま》郡（現在の岐阜県大垣市、安八町など一帯）の湯《ゆ》沐令《のうながし》（皇子の私領の管理官）多臣品治《おおのおみほむち》に「機要」（計画の要）を「宣示」し、この郡の兵を動員させること。もうひとつは、美濃国の国司を通して「諸軍を差発」させて、急いで「不《ふ》破《わ》道を塞」ぐことであった。皇子はこのことを三人に命じ、自らも「朕《われ》、今発路《た》たむ」と力強く言い放った。

右からもわかるように、大海人がまず恃《たの》みとしたのが美濃国の国司と豪族なのだった。そこには、彼の領地と言ってよい安八磨郡があった。その管理官である多臣品治にまず今後の策略の要点を伝えた。美濃国の国司とも気脈を通じていたようで、この国の官兵を動員して交通の要衝である不破を抑えるよう依頼したのであった。皇子にとって東国を味方に付けることがまず重要であったことがわかる。

次に皇子は、「大分君恵尺《おおきたのきみえさか》・黄書造《きぶみのみやつこ》大伴・逢臣志摩《おうのおみしま》」の三人を飛鳥の「留《る》守司《すのつかさ》」高坂《たかさか》

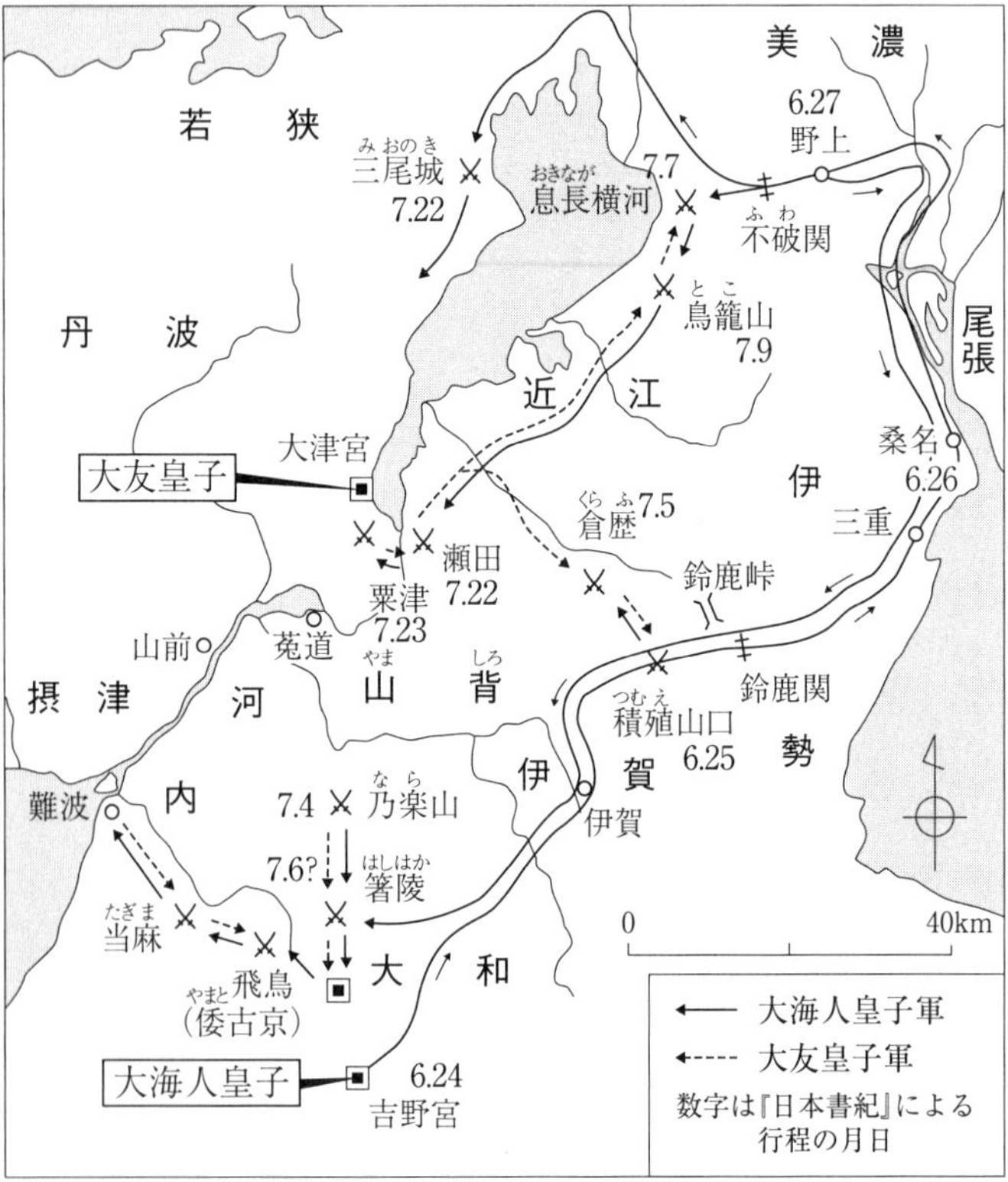

美　濃
若　狭
三尾城《みおのき》
7.22
息長《おきなが》横河
7.7
6.27
野上
不破関《ふわ》
鳥籠山《とこ》
7.9
丹　波
近　江
尾張
大津宮
大友皇子
桑名
6.26
伊
倉歴《くらふ》7.5
三重
瀬田
7.22
鈴鹿峠
粟津
7.23
山前
菟道
山《やま》背《しろ》
摂　津
河
鈴鹿関
積殖《つむえ》山口
6.25
勢
伊　賀
内
難波
7.4
乃楽《なら》山
伊賀
7.6?
箸陵《はしはか》
当麻《たぎま》
飛鳥
（倭《やまと》古京）
大　和
0
40km
大海人皇子
6.24
吉野宮
大海人皇子軍
大友皇子軍
数字は『日本書紀』による行程の月日

壬申の乱戦局図

王のもとに送った。高坂王が管理する「駅鈴《えきれい》」を授けてもらおうとしたのだった。これがあると公然と関を越え、吉野から東国へ抜けることができる。おそらく大海人皇子は事前に高坂王と何らかの黙契を取り交わしていたのであろうが、しかし絶対の自信があったわけではなかった。駅鈴が得られなかった場合の行動も、この三人――大分君恵尺・黄書造大伴・逢臣志摩――にそれぞれ指示しておいた。まず逢臣志摩には吉野へ戻ってこのこと――駅鈴の入手失敗――を自分に報告すること、大分君恵尺にはその足で急いで近江に行き、高市皇子と大津皇子とを連れ出して、伊勢で大海人皇子と合流すること、黄書造大伴に命じたことは明記されてはいないが、のちの行動からすると、彼の帯びた任務も明らかになる。この点はのちに述べよう。結果は、駅鈴の入手は叶わなかった。そこで指示通り三人は次の任務に赴いた。

徹夜の逃避行

大海人皇子が吉野を出発したのは六月二十四日。おそらく早朝であろう。最初、一行は妻の鸕野《うの》皇女（のちの持統天皇）、草壁《くさかべ》皇子、忍壁《おさかべ》皇子を含む「二十有余人、女孺《めのわらわ》十有余人」の総勢三十有余人で、「事、急にして駕《が》を待たず行（事態が急なため、乗物を待たずに徒歩で行)」った。吉野を出たときは馬も乗り物も無く、女も子どもも全員徒歩で山道を進んだ。途中で馬が調達でき、次いで乗り物が届き、「皇后は輿《こし》に載」せ、やがて「天皇」の輿が届き、大海人はこれに乗った。吉野からの山道を辿るうちに、次第に賛同してくれる豪族等に遭遇し、これらを調達できるようになった。

その日のうちに「菟田吾城《うだのあき》」(現在の奈良県宇陀市阿紀神社付近)に着いた。宇陀の「甘《かむ》羅《ら》村」を過ぎたところで、現地の首領「大伴朴本《えのもと》連大国」という人物が二十余人の「猟師」と共に一行に帰順した。昼夜兼行で深夜には「隠《なばり》」(現在の三重県名張市)に到着。さらに伊賀を過ぎ、夜明けに「莿萩野《たらの》」(現在の三重県伊賀市)に着いてそこで食事を取った。ほとんど一昼夜、徹夜の逃避行であった。この途中、大海人は、自らの勝利を天候によって占っている。『日本書紀』の天武「即位前紀」に彼の特徴として

天文・遁甲《とんこう》を能《よ》くしたまふ。

(天文・遁甲にすぐれておられた)

とある。「天文」とは天空の現象を見て未来を占うこと、「遁甲」とは「陰陽の変化に乗じて人目をくらまし身体を隠し、吉を取り凶を避ける術」(新編日本古典文学全集『日本書紀』注)のことを言う。「横河《よかわ》」(現在の三重県名張市宇陀川)を渡るとき、怪しげな黒雲

が大空に渡ったのを見てとるや、「式《ちょく》」という木製の天文を測る道具で以《もっ》て、これを天空にかざして計測し、こう占った。

天下両分の祥《しるし》なり。然《しか》して朕《われ》遂に天下を得んや。

（天下が二つに分かれる前兆である。その結果、朕が最後に天下を得ることになろうか）

ここで初めて天下を我が物にするぞ、という強い意志を明らかにした。全軍の志気も高まったに違いない。事実、着々と味方は膨れあがっていた。伊賀国ではこの国の郡司らが数百の兵を率いて帰順してきた。夜明けころであろうか、「積殖《つむえ》山口」（現在の三重県伊賀市柘植《つげ》町）では甲賀郡から山を越えてきた長男高市皇子の一行と遭遇した。『日本書紀』は淡々とした記事しか残していないが、大海人には心強い再会であったに違いない。高市は命の危険を顧みず、大津の都を脱出して山を越え、父と合流したのだ。父子は手を取り合って涙を流したはずである。

鈴鹿では伊勢国の「国司 守《くにのみこともち》三宅連石床《みやけのむらじいわとこ》・介《すけ》三輪君子首《みわのきみこおびと》」及び「湯沐令田中臣足麻呂《たりまろ》・高田首新家《にいのみ》」らが帰順した。ここで五百人の兵を得て、鈴鹿の関を封鎖した。

不破到達

さらに一日が過ぎ、二十六日の夜明け、伊勢国朝明郡《あさけ》（現在の三重県四日市市朝明町）の「迹太《とほ》川」（朝明川）の辺りで大海人は伊勢の「天照太神」を遠くから拝んだという。ちょうどその前の晩、鈴鹿の関に山部王・石川王が駆けつけたという報が入っていた。朝になってそれは誤りで、正しくは大海人の子大津皇子であったという知らせが入った。大海人にすれば、これも天照大神の御加護と意識されたかもしれない。大津皇子も高市と同じく近江の宮にいたのを、夜陰に紛れて脱出してきたのである。

朝明郡の郡家に入ろうとした時、またもや吉報がもたらされた。美濃へ派遣した村国連男依が、この地の兵三千人を集め、美濃と近江の国境である不破を占拠したというのだ。これもまた伊勢を遥拝した直後だけに偶然とは思えなかったろう。こうして山中の長い道のりを三日ほどかけて吉野から伊賀、伊賀から伊勢の桑名まで行き着いた。

大海人は桑名にひとまず定着する。そして長男高市皇子を不破に送り、ここで軍事を監督させた。さらに東海道、また東山道からも兵を集めようとした。これが六月二十六日。吉野を出て丸二日でここまで着いたのである。

近江朝廷の狼狽

『日本書紀』は次に場面を転じ、大海人の吉野脱出を知った近江朝廷の狼狽ぶりを描き出す。「群臣悉《ことごと》く愕《おそ》れ、京内震動」す。「或《ある》いは遁《に》げて東国に入らんとし、或いは退きて山沢に匿《かく》れむ」。まさにパニック状態だったというのである。父の崩御から半年、近江の朝廷を主宰してきた大友皇子は、既に即位していただろうか。古来論争のテーマとなっている問題だが、『日本書紀』は触れないけれども、事実上即位していたと見るのが穏当だろう。

混乱の中、大友皇子が「群臣」に「如何《いか》に計らん（どのように計ろうか）」と問うたところ、一人の「臣」が「遅く謀らば後《おく》れなん。如《し》かじ。急いで驍騎《ぎょうき》を聚《あつ》めて跡に乗りて遂《お》はんには（遅く動けば遅れてしまいます。急いで騎馬兵を集めて、跡を追跡して撲滅する以上の策はございません）」と答えた。逃げる大海人皇子を素早く打ち滅ぼす方策であった。

しかし「皇子は従はず」。大友皇子は、東国と倭京《わきょう》（飛鳥）、吉備《きび》、筑紫へ使者を遣わし、兵を徴発するよう命じたのであった。特に筑紫を統括する「筑紫大宰《つくしのおおみこともち》」の「栗隈《くるくま》王」と吉備を統括する「吉備国守《くにのかみ》」の「当麻公広嶋《たぎまのきみひろしま》」とは以前から大海人皇子に付き従っていたため、背くのではないかと疑いをもち、「もしそうした表情があれば殺してしまえ」と大友皇子は言い含めた。

すぐに大海人皇子を追跡し、殺してしまいましょうとの忠臣の進言をあえて容れず、各地の兵を動員しようとした策が失敗だったともいえるだろうが、なぜ大友皇子はこうした選択をしたのだろうか。おそらく彼は初めから吉備や九州の勢力も巻き込む長期の総力戦を覚悟していたのではあるまいか。

しかし吉備と筑紫――西日本の二大要地――の地方官は、大友の意の通りには動かなかった。吉備の「吉備国守」当麻公広嶋は拒否の表情を顕わしたのであろう、その場で使者に殺された。筑紫の「筑紫大宰」栗隈王は協力を拒否し、使者を追い返した。近江朝廷は結局どちらの軍兵も動員できなかったのである。東国へ遣わされた使者もその命を果たすことなく近江へ還った。このあたりに近江朝廷の基盤が必ずしも確かではなかったことが窺える。

大海人と大伴氏の密約か

次に『日本書紀』は、倭京（飛鳥）に留まっていた大伴氏の兄弟――大伴連馬来田《まくた》と吹《ふけ》負《い》――の行動について記述している。おそらくこの記述は、大伴氏の氏族伝承から採用されたものなのであろう。これに依ると、既にこの二人は、共に時が「否」であるのを悟り、病気と称して大和の家に退いていた。そうして皇位に即かれるのは必ず吉野におられる大海人皇子に違いないと悟っていた。そこで兄の馬来田は、まず大海人皇子に従うことにし、吉野から宇陀へ急ぐ皇子と合流した。弟の吹負は飛鳥に留まってここで一気に名を挙げ、困難な事態を救おうと思った。こうして一、二の豪族と何人かの豪傑を誘い、やっと数十人の味方を得た、とある。

ただここには、この兄弟がいつ誰から大海人の決起を知ったのかが示されていない。この辺りは大伴氏の氏族伝承がソースになっているからであろう。しかし『日本書紀』のこのあとの記述を見れば、誰が教えたのかは判明する。

馬来田は大海人皇子の決起を知り、いち早く皇子のもとにはせ参じようとし、飛鳥から吉野宮へ向った。しかし吉野へ着いてみると、すでに皇子一行はここを出たあとだったので、あとを追いかけて、宇陀で追いついた。これが大海人が吉野を出た二十四日の夕刻ころであろう。同じ日のおそらく早暁に大海人皇子が吉野をあとにしたとしても、その日の夕刻にはもう追いついているというのは、いくら馬来田が馬に乗って急いだとしても早すぎる。何らかのやり方で大海人皇子が決起することを事前に察知していたとしか考えられないところである。では誰がいつ大伴兄弟に大海人皇子の決意を伝えたのか。このとき、馬来田とともに大海人皇子に合流した人物をみればわかる。

即日、菟《う》田《だ》の吾城に到る。大伴連馬来田・黄書造大伴、吉野より追ひて至る。
（即日、菟田の吾城に到った。大伴連馬来田と黄書造大伴が吉野から追いかけて、ここで大海人皇子一行に追い付いた）

黄書造大伴である。彼は先に述べた、大海人が吉野を脱出する直前のその日の朝、大分君恵尺・逢臣志摩とともに飛鳥にいた留守司高坂王のもとに行き、駅鈴を乞うように命じられた人物である。駅鈴は結果的に高坂王に拒否され、得られなかった。その際の行動も、大海人はあらかじめこの三人に指示していた。逢臣志摩はすぐさまそのことを報告するため、大海人皇子の元へ帰った。大分君恵尺はその足で飛鳥から近江へ赴き、高市皇子と大津皇子を連れ出して落ち合うよう先導した。もうひとりの黄書造大伴が何を命じられたかは、『日本書紀』は記してはいない。しかし先に挙げた『日本書紀』の記事にあるように、その後に彼は大伴連馬来田とともに吉野から大海人皇子を追いかけ、菟田の吾城で合流したのであった。

黄書造大伴は、倭京で大伴連馬来田・吹負兄弟に会い、大海人皇子の決起の意思を伝えたのである。それもいきなりこの重大事を伝えたのではあるまい。かねてから、大海人皇子決起の日が来ることを暗に伝えていたのではないか。だからこそ大伴兄弟も既に近江の都に見切りをつけ、飛鳥の古京に帰っていたのだろう。馬来田は黄書造大伴から、ついにこの日が来たことを聞き、迷うことなく大海人の側で仕えることを選択し、黄書造大伴とともに一路吉野宮へ走った。一方、弟の吹負は倭京に残り、ここで一旗揚げて功名を上げようとしたのだった。

『日本書紀』の記載にいささか不審が残るのは、先にも触れたように大分君恵尺・逢臣志摩・黄書造大伴の三人に大海人皇子が与えた指示が、先の二人には示されているのに、黄書造に与えた指示――大伴馬来田・吹負兄弟に決起を伝えること――のみは示されていないことである。どうしてなのか。これを書いてしまうと、大伴兄弟が事前に大海人皇子と気脈を通じ、いざ事有らば共に立つ盟約を結んでいたことが読者に想像されてしまうからであろう。壬申の乱を反乱と捉えるならば、大海人と大伴氏は共犯関係にあると言っても過言ではない。そのことを隠蔽するねらいが『日本書紀』にはあるのではないだろうか。

父と子の会話

二十七日。不破に派遣されていったん軍事を任された高市皇子が、桑名に留まる父大海人皇子に使いを送り、直接指導を乞い、これを受けて大海人はその日のうちに不破に入った。このとき、「尾張国司守」の「小子部連鉏鉤《ちいさこべのむらじさいち》」が二万の大軍を率いて帰順した。これも大きかった。大海人はこの兵を諸道に分けて配置した。このとき大海人は長男で当時十九歳の高市皇子にやや弱音を漏らす。

「それ近江朝には左右大臣及び智謀の群臣共に議《ぎ》を定む。今、朕ともに事を計る者無し。唯《ただ》、幼少の孺子《わくご》有るのみ。いかにかせん」

(近江の朝廷には左右大臣や智謀の群臣がいて、共に合議をして策を定めている。今、朕には共に事を計る者がいない。ただ幼少の子どもたちがいるだけだ。どうすればよいのか)

高市皇子は、腕まくりをし、剣を握りしめてこう言ったとある。

「近江の群臣、多しと雖《いえど》も何《なん》ぞ敢《あ》へて天皇の霊《みたま》に逆はんや。天皇独りと雖も、臣高市が神祇《じんぎ》の霊威を蒙《こうむ》り、天皇の命を請けて、諸将を引率して征討せん。豈《あに》、距《さえ》ぐこと有らんや」

（近江の群臣が多いと言っても、どうして敢えて天皇の霊威に逆らえましょうか。天皇がお独りであっても、臣高市が神々の霊威をこの身にいただき、天皇の御命令を受けて、諸将を引率して征討いたしましょう。どうしてこれを妨げることができましょうや）

大海人はこの言葉に喜び、「手を携《と》り、背を撫でて」曰く、

「慎め、怠るなかれ」

（慎重にな、油断するなよ）

と言って激励した。鞍を付けた馬を一頭与え、「悉《つぶさ》に軍事を授け」た。軍事の全権を委ねたのである。本陣は不破郡のちの関ヶ原、和蹔《わざみ》というところに置かれた。大海人皇子は、同じ不破郡でもその東端つまりやや後方の野上《のがみ》を行宮《あんぐう》とし、ここに滞在した。この夜、不破では「雷電雨」が甚しかった。大海人が神に起請して、

「天神地祇、朕を扶《たす》くるならば雷雨息《や》めよ」

（天神地祇よ、朕を助けて下さるならば、いまこの雷雨を止ませてください）

と誓ったところ、すぐに雷雨は止んだという。

大伴連吹負の飛鳥制圧

二日後の二十九日、大伴連吹負が旧都飛鳥で動いた。壬申の乱で最初の戦闘と言っていいだろう。飛鳥には「留守司」という役所及び軍営があり、近江に遷都後も文字通りこの地の留守を守っていた。その長官は高坂王（出自は不明）という王族であった。高坂王といえば、「駅鈴」を貸すことを断ったあの人物である。断られた以上、この情報もすぐ近江に届けられるに違いない。これは大海人皇子にはいささか不利な条件であった。このまま行くと、飛鳥は近江方に占拠され、やがてここから北上して近江に合流するかもしれない。これを危惧したのであろう、大伴連吹負は奇計を立ててここを乗っ取らんとした。留守司高坂王の下に仕える「坂上直熊毛《さかのうえのあたえくまけ》」（もとの倭漢氏《やまとのあやうじ》である）らを懐柔して味方につけ、飛鳥を混乱させる奇襲を果断にも実行したのである。まず一味の秦造熊《はたのみやつこくま》をふんどし一枚の裸で馬に乗らせ、飛鳥寺の西にあった留守司の軍営へ駆ってこう叫ばせた。

「高市皇子、不破より至れり。軍衆、多く従へり」

（高市皇子が不破より来たぞ！　たくさんの兵が従っているぞ！）

ふんどし一枚なのは、不破での戦闘で敗れ、身ぐるみ剝がされてきたさまを装っているのであろう。ぶざまな姿で命からがら敗走してきた彼を見て、信じ込んだ留守司の兵たちは狼狽した。その混乱に乗じ、続いて吹負と坂上直熊毛や倭漢氏数十騎が、飛鳥寺の北道（のちの山田道であろう）から襲撃してきた。この作戦が功を奏し、高坂王らを捕らえることに成功した。労せずして飛鳥を手中に収めたのである。ただちにこの報を不破にいる大海人皇子に報告し、吹負は喜んだ大海人皇子から「将軍」に任命された。吹負らは、この勢いに乗じて近江を攻撃しようとし、七月一日に飛鳥からまず「乃楽《なら》」に向かった。しかしそこで手痛い敗戦を喫することになる。

大和での苦戦

七月三日。大伴吹負は、大海人皇子から将軍に任命され、この勢いで近江まで進軍するつもりで、乃楽山の上に陣をしいていた。しかし配下の荒田《あらた》尾直《おのあたえ》赤麻呂から「古京はこれ本営の地なり。固く守るべし（古京つまり飛鳥京は、本営の地です。ここを堅く守るべきです）」との進言を受け、ここを守ることに専念した。

なぜ自重したのか。飛鳥から北上して「乃楽」に向かう途上、稗田《ひえだ》の辺りで、河内から近江方の大軍が大和国へ押し寄せてくるという情報がもたらされたのである。これが七月一日のことだった。吹負の軍はこれを迎撃すべく坂本臣財《たから》・長尾直真墨《ながおのあたえますみ》・民直小鮪《たみのあたえおしび》などに兵を付けて送り、龍田・大坂・石手《いわて》といった河内から大和へ入る諸道を守らせた。彼らは近江軍が高安城に潜んでいると聞き、高安山に登ってみたが、既に敵の軍勢は倉に火を付け、逃げた後であった。しかし明け方にそこから西の河内方面を見下ろすと、大津道・丹《たじ》比《ひ》道から再び近江方の大軍が旗と共に向かってくるのが望めた。近江方の将は壱伎史韓《いきのふひとから》国《くに》、渡来人であった。

戦闘の始まる直前、実は近江朝廷軍の内部には混乱が起きていた。「河内国司守」の来《く》目臣塩籠《めのおみしおこ》が敵方に寝返ろうと密かに準備を進めていたのが露見し、韓国は塩籠を殺そうとしたが、塩籠はその前に自殺したというのである。

そのようなことはつゆ知らず、坂本臣財らの軍は高安城をあとにして山を下り、河内へ出た。一日置いて、近江方は河内から大和へ進軍し、「衛《え》我《が》河」のほとりを戦場として、戦いの火ぶたが切られたのである。財ら大海人方の軍は人数も少なく、劣勢を強いられた。懼坂《かしこのさか》を紀臣大音《きのおみおおと》に守らせ、何とか食い止めようと奮戦したが、財らの軍は防戦しきれず退いた。

将軍大野君果安《おおののきみはたやす》の率いる近江軍とこの乃楽山で戦い、大伴吹負の軍は敗れた。軍兵は悉く敗走し、将軍吹負も辛うじて命を得たと『日本書紀』は記す。吹負自身の身にも危険が及ぶほどの敗戦であった。

勝利を収めた近江方の大野君果安は、勢いに乗じて南下して飛鳥に向かおうとした。しかし小高い丘に登って飛鳥の方を望見すると、「衢《ちまた》ごとに楯が竪《た》」てられていた。これを見て敵方の伏兵が潜んでいるのではと警戒した果安は、兵を引いた。しかしこれは荒田尾直赤麻呂の策略であった。赤麻呂は、飛鳥の「道路の橋板を解き取り、楯に作りて京辺の衢に竪て（道路の橋板を壊し取って楯を作り、飛鳥京の衢に竪て）」たのである。大野君果安はこれに騙されたのであった。

大伴吹負の敗戦と挽回

一方、窮地を脱した吹負は、大和盆地東方の墨坂（現在の奈良県宇陀市榛原《はいばら》）まで退却した。そこで紀臣阿閉麻呂《きのおみあえまろ》が吹負の救援のために送った置始連菟《おきそめのむらじうさぎ》の軍千余騎と合流する。再起を図る彼らはもう一度大和国に戻り、「金綱井《かなつない》」（現在の奈良県橿原《かしはら》市小綱町）で散り散りになった自軍の兵を集め直した。そんなところへ壱伎史韓国率いる近江軍が大坂道を通って大和へ入ったと知り、これを迎え撃った。近江方の将軍犬養連五十君《いそきみ》は「中道《なかつみち》」から大和国に入り、廬井造鯨《いおいのみやつこくじら》に二百人の兵を授け、吹負のいた本陣を狙わせたという。苦戦を経たのち、吹負は今度は勝利を収めた。猛将壱伎史韓国は敗走した。

この戦闘では山の辺の道すなわち「上道《かみつみち》」でも激闘があり、大海人皇子方の三輪高市麻《みわのたけちま》呂《ろ》・置始連菟らの率いる軍が勝利を収めた。

箸陵《はしのみささき》にて戦ふ。

とあるように、戦闘は箸墓古墳の側で行われた。廬井造鯨率いる近江方の軍は散り散りに逃走し、多くの兵が戦死した。廬井造鯨自身も泥田に馬の脚を取られ、進めなくなったところを弓矢で狙われたが、すんでのところで逃げおおせた。

このあたりの大和での戦いの日付は『日本書紀』も明記しているわけでなく、七月四日から八日ころの間に行われたのであろうとしか判明しない。総じて大伴吹負らの活躍を活写するこの大和での戦いの記述は、大伴氏の家記（氏族に伝えられた伝承・記録）の類を原史料として記されたものと推定されているが、そこに元々日時は残されていなかったものと思われる。記述は詳しいにもかかわらず、作者がその日付を書き残すことには積極的でなかったのはいささか残念だ。

『日本書紀』は七月二十二日、大和の地を平定し終えた吹負が「大坂」を越えて「難波」に入ったという。淀川の南に屯営し、西国の諸国の国司に命じて「官鑰《かぎ》」「駅鈴」「伝印」

を進上させた。

大和での戦いの意義

しばらく大伴吹負を中心とした大和における戦いについて重点を置いて記述してきた。壬申の乱は、こうした大和方面での戦いと、不破から湖東を大津の都へ向かって進撃する大海人方とこれを食い止めようとする近江朝廷方との戦闘と、二つの戦いに分かれる。大海人方からすれば、敵の本拠である近江の大津宮さえ攻撃して陥落してしまえばいいようにも思えるが、大和での戦いも不可避であった。ひとつには、ここを放置すれば、大和とくに飛鳥京を守っていた留守司の軍隊が近江を援けるために進軍する恐れがあった。大海人方としてはこれを食い止める必要があった。

もうひとつは、近江に遷都したとはいえ、まだ五年ほどしか経っておらず、大和国にはなおも多くの豪族たちの拠点が残されていたものと思われる。戦いが長期化した場合、近江と大和の間で大規模な内乱に発展する可能性もある。この点でどちらが大和を支配するのかもやはり重要であった。吹負らが大和の支配権にこだわったのも、その点でうなずけるのである。

主力軍の進発

さて時を少し戻して、今度は不破から大津宮を目指して湖東路を南下していった大海人方の主力軍と、これを迎え撃つ近江朝廷方の数度にわたる戦いに目を向けていきたい。

七月二日、大海人皇子はいよいよ二つの軍勢の出発を命じた。ひとつは、伊勢の大山から大和国を侵攻する「数万」の軍。将軍は紀臣阿閉麻呂、多臣品治《おおのおみほむち》、三輪君子首、置始連菟ら。このうち多臣品治の軍三千に田中臣足麻呂を付けて「莿萩野」（近江国甲賀郡。現在の三重県伊賀市）に駐屯させ、「倉歴《くらふ》道」（近江国甲賀郡蔵部郷。現在の三重県伊賀市）を守衛させた。もうひとつは不破から琵琶湖の東岸を南へ降り、近江朝廷を攻撃する、これも数万の軍。こちらの将軍は村国連男依・書首根麻呂・和珥部臣君手・胆香《いかご》瓦臣安倍ら。

主力となるこの軍の事実上の総大将は、美濃国の地方豪族、村国連男依であった。彼は、最初大海人皇子が事を起こした時、美濃国の湯《ゆ》沐令《のうながし》のもとまで使者として遣わされた三人のうちの一人だった。大海人が最も信頼を置いていた側近と言ってよかろう。美濃国各務《かがみ》郡に村国郷という郷があり、村国神社という古社が鎮座する。おそらくこの地の豪族で、大海人の舎人だったのだろう。

この人事はある意味、抜擢といえる。北山茂夫氏は「この官人的秩序にとらわれない異例な人事は、叛乱軍なればこそである」と評する。普通なら、このような地方のそれほど有力でもない豪族が選ばれることはないというのである。確かに思い切った人事であった。「将軍にとりたてられた舎人たちはいわずもがな、その大半の地方豪族をもいかに興奮させたか、想像を超えるものがあろう。これによって、全軍の意気が異常に高まったとみてよい」と北山氏は評する。

近江方の内紛

この軍が最初に戦闘を交えたのは、「犬上川の浜」、現在の滋賀県犬上郡であった。

時に近江、山部王、蘇賀臣果安《はたやす》・巨勢臣《こせのおみ》比等《ひと》に命じて数万衆を率ゐて、不破を襲はんとして、犬上川の浜に軍《いくさ》す。

（この時、近江方は山部王と蘇賀臣果安、巨勢臣比等らに命じて数万の軍を率いて不破の大海人軍を襲撃しようとして犬上川のほとりで軍をしいた）

しかし近江方に内紛が生じた。大将である山部王が蘇賀臣果安・巨勢臣比等によって殺害されるという事件が起きる。

山部王、蘇賀臣果安・巨勢臣比等のために殺されぬ。この乱れに由《よ》りて以て軍進まず。乃《すなわ》ち蘇賀臣果安、犬上より返りて頸《くび》を刺して死す。

（山部王が、蘇賀臣果安・巨勢臣比等によって殺された。この内乱によって軍は進軍ができなかった。そこで蘇賀臣果安は、犬上から引き返して頸を刺して死んだ）

そのため不破へ向かうはずの軍は進まず、結局山部王を殺した蘇賀臣果安は、犬上まで来て引き返し、途中で自殺した。このような混乱に嫌気がさしたのであろうか、近江方に属していた「将軍」の「羽《は》田公矢《たのきみや》国《くに》」は一族を率いて投降した。彼らは近江湖北から越前を経由して湖西から近江の都を攻撃することを命じられた。

そのような中でも近江方は「玉倉部《たまくらべ》」（現在の岐阜県不破郡関ケ原町玉）にある大海人方の陣を急襲した。近江方の軍事力を決して侮ることは出来ない。ただ激闘の末、大海人方の出雲臣狛《こま》がこれを撃退したという。

七月七日。村国連男依を将とする大海人方の軍は、「近江軍」と「息長横《おきながよ》河《かわ》」（現在の滋賀県米原市息長。横河はここを流れる天野川であろう）で戦い、これを「破」り、敵将「境部連薬」を斬った。九日、その南の犬上郡の「鳥籠《とこ》山」で、近江の将「秦友足《はだのともたり》」を斬った。十三日の「安河の浜」（現在の滋賀県野洲市の野洲川）の戦いでは「大きく破り」、「社戸《こそべ》臣

瀬田唐橋

大口」「土師《はじ》連千島」を捕えた。十七日。「栗太《くるもと》」（現在の滋賀県栗東市）の軍を「追って討」った。近江軍も懸命に戦い、相手にダメージも与えたようだが、結果は連敗であった。そして最後の決戦が瀬田の唐橋《からはし》で行なわれた。この橋を守りきることが近江軍には必死の使命であった。橋を渡られては、もう大津の都まで指呼《しこ》の距離である。滅亡は避けられない。

瀬田橋での最後の決戦

『日本書紀』の壬申の乱の記述によると、「瀬田橋」を挟んで大海人皇子の軍と近江朝廷軍とが最後の決戦を行ったのは、天武元年七月二十二日のことである。橋の東詰めには進撃を続けてきた大海人皇子の軍、西詰めには大津宮を背にした近江朝廷の軍が対峙した。

大海人軍の前線の指揮は美濃の豪族村国連男依が執った。連敗を重ね、追い詰められていた近江朝廷軍はこれを最後の決戦と見定めていたものか、大友皇子も出馬し、全軍を挙げて敵の渡河を食い止めようとしていた。

辛亥《かのとい》、男依ら、瀬田に到る。時に大友皇子及び群臣ら、共に橋の西に営《いお》りし、大いに陣を成す。その後ろを見ず。

（辛亥、男依らは、瀬田に到った。時に大友皇子と群臣らは、共に瀬田の橋の西に軍営を置き、大規模な陣を成した。陣の後方は見えないくらいだった）

『日本書紀』はこの橋をめぐって激しい攻防のあったさまを記している。
とりわけ近江軍の将軍として奮戦したのが、「智尊《ちそん》」という名の人物であった。

その将智尊、精兵を率い、先鋒として、これを距《ふせ》ぐ。

（その将智尊は精鋭なる兵を率い、先鋒として、これを防御した）

名前からすると僧侶のようであるが、どうして僧侶が近江軍の将として加わっているのか、どこの寺の僧なのかも、記述がない。ただ大津宮の周囲にはいくつもの寺院が築かれ、それらは戦時には宮を守る要塞のような役割も担っていたといわれる。おそらくそうした寺の僧侶ではなかったか。決死の奮戦をした所伝から察するに、歴戦の強者だったに違い

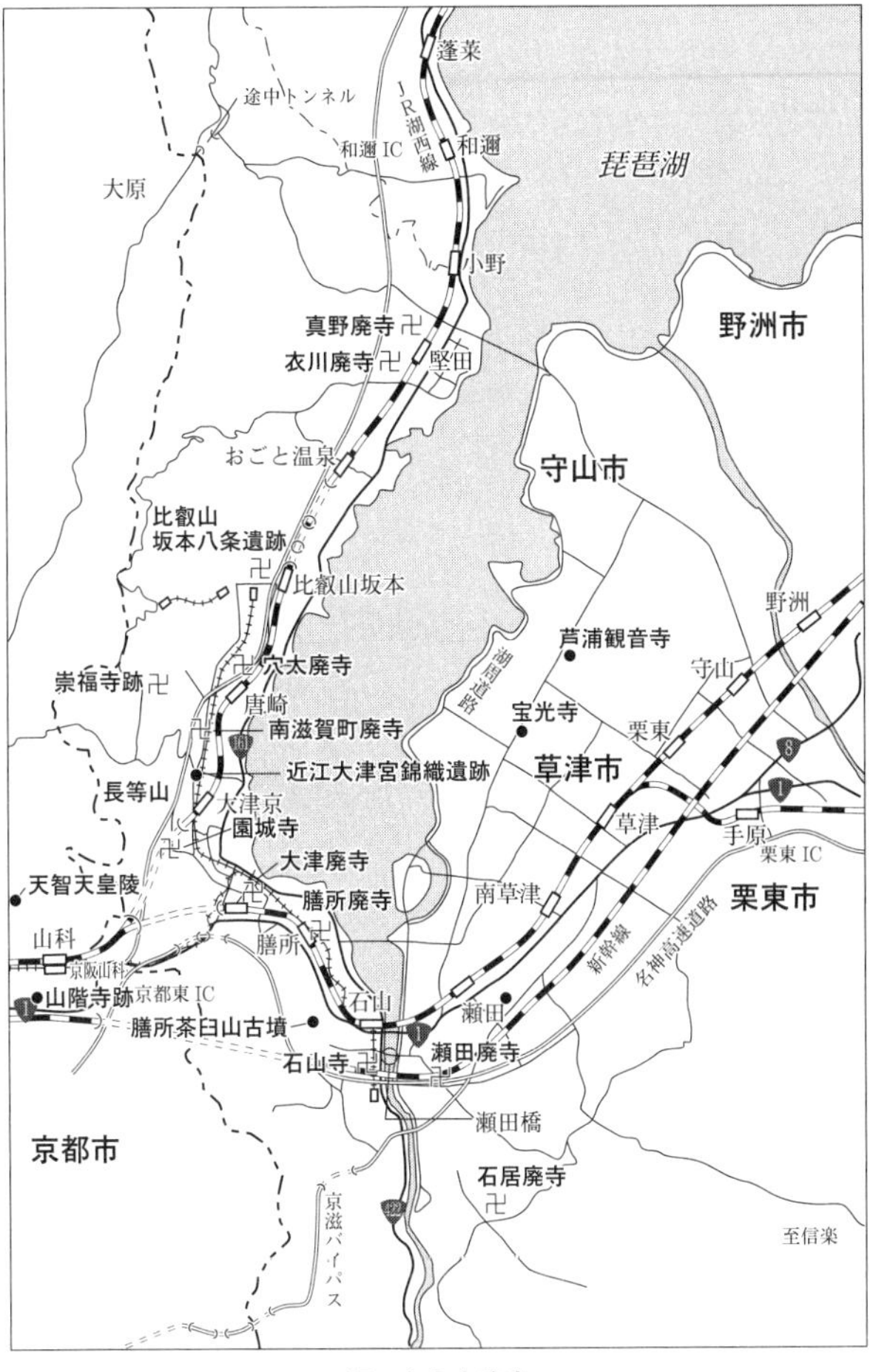

瀬田から大津宮

（大津市歴史博物館『企画展　大津の都と白鳳寺院』〔2017〕をもとに作成）

ない。当時の僧侶には渡来人が多かったので、白村江で戦ったのち倭国に亡命し、その後に得度《とくど》した百済人の可能性もあろう。

智尊の奮戦もむなしく戦況は好転せず、大海人皇子軍は続々と橋を渡り始めた。

衆悉《いくさことごとく》に乱れて散りて走げ、禁《とど》むべからず。時に将軍智尊、刀を抜きて退く者を斬るも、止むること能《あた》はず。因《よ》りて以て智尊を橋の辺りにて斬る。

(軍衆は悉く乱れて敗走し、これを止めることもできなかった。その時、将軍智尊が刀を抜いて退く味方の兵を斬ったが、この流れを止めることは出来なかった。こうして智尊を橋の辺りにて斬った)

流れを変えようと智尊は逃亡する自軍の兵を斬り、叱咤したが、退勢は覆すことができず、遂に橋を枕に討死した。この時点で勝負は決したが、瀬田橋付近にいた大友皇子はどうしたであろう。

大友皇子の最期

『日本書紀』にはこうある。

則《すなわ》ち大友皇子・左右大臣ら、僅かに身を免れ、逃ぐ。

（そうして大友皇子・左右大臣らは辛うじて身を免れ、逃げた）

皇子と左右大臣らは身の危険を感じる中、戦場から必死に逃げた。一方、大海人皇子軍の大将村国連男依は、

　男依ら則ち粟津《あわづ》の岡の下に軍《いくさだち》す。

（男依らは、そうして粟津の岡の下に軍を置いた）

粟津とは、現在の大津市膳所《ぜぜ》から石山にかけて。粟津岡とは、現在の大津市秋葉台、茶臼山を指すのかもしれない。そこに陣を布いた。翌日、

（村国連）男依ら、近江の将犬養連五十君、及び谷直塩手《たにのあたえおて》を粟津市に斬る。

（男依らは、近江の将・犬養連五十君と谷直塩手とを粟津市に於いて斬殺した）

粟津市において男依らは近江方の将を捕え、斬った。皇子は逃げ場を失った。

ここに於いて、大友皇子、走《に》げて入らん所無く、乃《すなわ》ち還りて山前《やまざき》に隠れて、以て自ら縊《くび》れぬ。時に左右大臣、及び群臣、皆、散《あら》け亡《う》せぬ。唯《ただ》し物部連麻呂、また一、二の舎人従へり。

（ここに於いて、大友皇子は逃げて入る所が無く、引き返して山前に隠れて、そこで自ら首を縊って亡くなった。その時に左右大臣及び群臣は、皆散り散りに逃亡した。唯、

物部連麻呂と一、二人の舎人のみが従っていた）
「走げて入らん所無」しという状態の皇子は、「還りて山前に隠れ」、「自ら」首を「縊」って亡くなった。二十五歳であった。

大友皇子終焉の地「山前」とは

この「山前」を山背《やましろ》国乙訓《おとくに》郡大山崎村とする説があるが、文脈からはとうていありえない。瀬田の決戦で「僅かに身を免れ、逃」げた皇子が、どうして逢坂山《おうさかやま》を越えて山背、さらに大山崎まで逃げられようか。皇子は、村国連男依らが粟津市で近江方の将軍、犬養連五十君や谷直塩手を斬ったために、「走げて入らん所無」い状態に追い詰められた。事実はまだ粟津市の付近に隠れていたのである。進退窮《きわ》まって「山前」に「還」り、「隠」れていたが、翌日そこで自ら縊死《いし》した。したがって「山前」は、瀬田から大津宮までの山の麓《ふもと》――膳所茶臼山の麓か、長等山の麓あたり――以外には考えられない。

「山前」が山背国の地名でないことは、「山前に隠れ」たという記載からも読み取れる。戦さに敗れた者が山に籠って隠れる例は『日本書紀』の中にもいくつもある。斑鳩宮《いかるがのみや》を蘇我入鹿らに襲撃された山背大兄《やましろのおおえ》王は、背後の生駒《いこま》山に隠れ、数日間そこで潜伏した

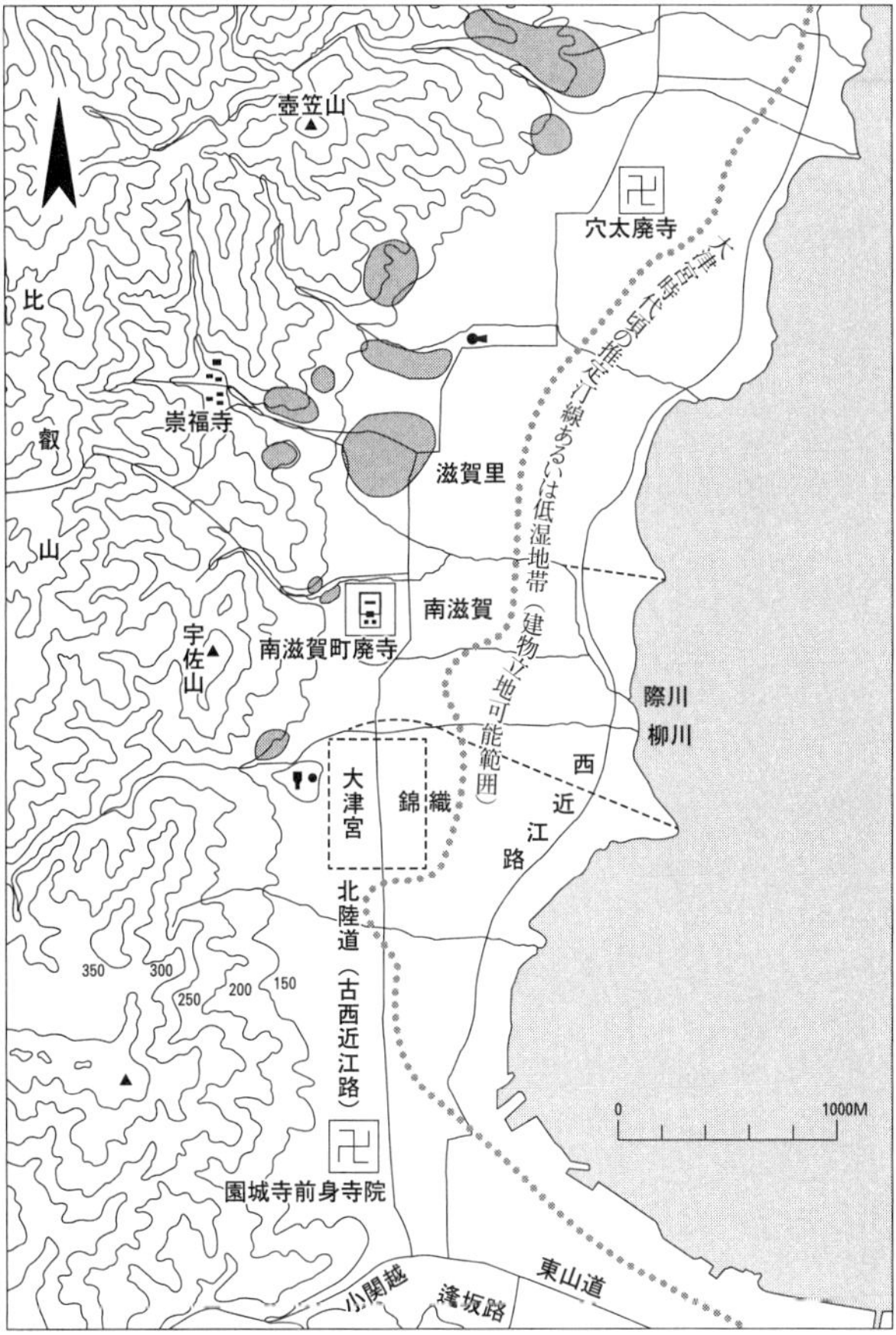

大津宮時代の大津北郊

（大津市歴史博物館編『古都大津・歴史シンポジウム　近江・大津になぜ都は営まれたのか―大津宮・紫香楽宮・保良宮―』〔2004〕をもとに作成）

（「皇極紀」二年十一月条「山背大兄、（中略）遂にその妃幷《あわ》せて子弟ら、ひと間を得て逃げ出でて、膽《い》駒《こま》山に隠れたまふ」）。大臣蘇我蝦夷の送った軍勢に襲撃された境部《さかいべ》臣《のおみ》摩理《まり》勢《せ》の子の毛《け》津《つ》は、近くの尼寺に逃げたが、そこも危ないと知ると、最期は畝傍《うねび》山に逃げ込んだ（「舒明即位前紀」「寺を囲みて捕へんとす。乃《すなわ》ち出でて畝傍山に入る。よりて山を探る。毛津走《に》げて入る所無し。頸《くび》を刺して山中に死せぬ」）。あるいは「武内宿禰《すくね》之墓域」に「逃げ隠」れた玉田宿禰の例（「允恭紀」五年七月条）もある。大友皇子もこうした例にあてはまるだろう。

　問題は、「還りて山前に隠れて、以て自ら縊れぬ」とある、「還りて」の意味するところである。彼はどこからどこへ還ろうとしたのだろうか。もういちどこの前後の記載を読み直したい。

　男依ら、近江の将犬養連五十君、及び谷直塩手を粟津市に斬る。ここに於いて、大友皇子、走げて入らん所無く、乃ち還りて山前に隠れて、以て自ら縊れぬ。時に左右大臣、及び群臣、皆、散け亡せぬ。唯し物部連麻呂、また一、二の舎人従へり。

　この問題についてはこれまで二つの解釈がある。ひとつは瀬田橋の決戦での自軍の本営へ還ったのであるとする足利健亮《けんりょう》氏の説である。同氏によれば、大友皇子が本営としたのは、のちに国分寺の建立された「粟津岡」で、そこへ「還」ったというのである。自軍の本営へ「還」ろうとするというのは、たしかにあり得ることであろう。

第二は、大津宮へ「還」ろうとしたのだとする山尾幸久氏の説である（『草津市史』第一巻）。大津宮から瀬田橋の西へと出向いていたのだから、大津宮へ還ろうとしたのであり、「瀬田よりも大津宮寄りの地」に行ったとみる。これも十分ありえる。

筆者は第三の解釈として、「山前」へ「還」ったとみる。「僅かに身を免れ、逃」げた皇子は、付近の山に籠った。機を見て山を出、粟津へ下りようと図ったが、そこでは捕えられた味方の将軍の処刑が行われていた。これを見て下山は無理だと悟った皇子は、「走げて入らん所無」くなり、「還りて山前に隠れ」た。そこで観念して自殺したのである。自軍の本営に還ろうとするのも、大津宮へ還ろうとするのも十分可能性のあることではあるが、『日本書紀』の文脈からすれば、この説が最も妥当に思えるのであるが、如何であろう。

大津市秋葉台に茶臼山古墳という滋賀県二番目の大きさの古墳時代前期の前方後円墳がある。その後円部の鬱蒼《うっそう》とした墳頂に秋葉神社という小さな社があり、そのさらに背後の少し広い空間に、五つの塚らしきものがある。いつのころからか、これが大友皇子とその

茶臼山古墳の隠れ塚

随従を葬った塚であるとの言い伝えがある。ここは実は私が中学二年生から十八年間暮らした旧宅から歩いて五分くらいのところにある。先日意を決して久しぶりに訪れてみたが、薄暗い中、五つの塚から杉の巨木が天に向って伸びているのが印象的だった。大友皇子の後裔を称する大友氏の末裔によって守られてきた法傳《ほうでん》寺という近くの寺院のお供えが手向けられていた。

　地理的にはこの茶臼山を「粟津岡」と呼ぶにふさわしいし、そうであるならばこの古い大きな前方後円墳すなわちこの山に大友皇子が潜伏したとしても不思議はなく、この言い伝えも間違ってはいないようにも思える。ただ如何せん古代からの伝承かどうか、確かめる術が無いのは残念である。

近江方重臣の処罰

大友皇子の亡くなった翌日の二十四日、諸々の将軍たちが「筱浪《さざなみ》」（現在の大津市浜大津から膳所《ぜぜ》あたり）に「会」して「左右大臣及び罪人ら」を探索し、捕えた。二十六日には「将軍ら」は大海人皇子のいる「不破宮」に向った。そこで「大友皇子の頭」を「営前」に「献」じた。

それから約ひと月後、近江方の捕えられた将たちの処遇が決まり、実行された。大海人は高市皇子に命じてこれを宣告させた。重罪の八人が「極刑」すなわち死刑に処せられた。この八人のうち、『日本書紀』に名前が記されているのは「右大臣中臣連金《なかとみのむらじかね》」だけである。彼は「浅井田根《たね》」、近江国浅井郡田根郷、いまの滋賀県長浜市田根で斬られた。同じ日に「左大臣蘇我臣赤兄《あかえ》・大納言巨勢臣比等《こせのおみひと》及び子孫、併せて中臣連金の子、蘇我臣果安の子」が「悉く」「配流」となった。これ以外の人々は「悉く赦《ゆる》」された。意外にも寛大な処置であったというべきであろう。

唯一つ不可解な出来事だったのが、味方のはずの「尾張国司守」の「小子部連鉏鉤」が、戦のあと、山に匿《かく》れて「自ら死」んだことであった。彼は六月二十七日、不破の郡家に到着した大海人皇子のもとへ、二万の大軍を率いて帰順した人物である。これだけの大量の兵が帰順してきたのは他になく、その貢献度は計り知れない。それがどうして戦の収束したあと、自殺せねばならなかったのか。大海人皇子はこの報を聞いてこう言ったという。

　鉏鉤は、有功《いさお》しき者なり。罪無くして何ぞ自ら死せんや。それ隠せる謀《はかりごと》有らんや。

（鉏鉤は、功績のある者だ。それがどうして罪も無いのに自ら死んだのか。何か隠してきた謀略があったのだろうか）

　罪がないのに自ら死ぬはずはない、という大海人の言葉を額面通りにとれば、小子部連鉏鉤には人には言えぬ罪があり、罪の意識に耐えかねて自決したのであろう。彼が二万の兵を率いて大海人に帰順したことが、ある意味この戦争の帰趨《きすう》を決めたとも言えるが、鉏鉤は本当は近江方につくつもりだったのではないだろうか。その後の情勢により、結果的に心ならずも大海人についてしまい、そのことを悔いていたのではないか。このような推測も成り立つだろう。

　九月八日、大海人皇子は不破から伊勢の桑名に移った。九日に鈴鹿、十日に阿閉《あえ》、十一日に名張と八十日ほど前に来た道を引き返し、十二日に飛鳥に帰った。飛鳥浄御原宮《あすかきよみはらのみや》で正式に即位したのは、翌年二月とされる。吉野に戻ることはなく、近江に立ち寄ることもなかった。

第二章　三人の天皇――天智・天武・持統

天智天皇と信長

天智天皇（中大兄皇子）と天武天皇（大海人皇子）という同母の兄弟、そして天智の娘にして、天武の皇后であった持統天皇（鸕野《うの》皇女）。七世紀半ばから八世紀初めにかけて、大化の改新、白村江の戦い、壬申の乱という歴史の激動期を経て古代律令国家を創りあげたのが、この三人の天皇である。この三人の果たした歴史的役割を、その約九百年後、戦国の世を終らせた三人の英傑――織田信長・豊臣秀吉・徳川家康になぞらえ、比較した歴史家がいた。先頃長逝された直木孝次郎氏である。

　意外に思われるかもしれないが、たしかに激動期を経ながらも律令国家を完成させたこの三人の天皇は、戦国の三英傑と似ているところがある。個々の人物像にしても、直木氏の考察するように中大兄皇子には「冷酷なまでに冷静な政略家」の面が指摘される一方で、乙巳《いっし》の変の折、宮殿の庭で儀式の最中に蘇我入鹿に斬りかかった「果断な気性」もあり、織田信長と共通するところもあるように思われる。

　中大兄皇子と信長は、難波や近江に新しい都を築いた点でも共通する。新来の渡来人を重用し、その新知識を駆使した進取の気風も両者は似ている。ただ異なるのは、信長が「明智光秀の謀反にあい、中道にして身を亡ぼした」のに対し、天智は藤原鎌足や蘇我赤兄など「側近の献策を取り入れて、慎重に政治を進めた点」であると直木氏は言い、「精密機械と評されるような堅実性も天智の一面にはあった」という。しかし後継を意図した通り繋げられなかった点では、没後に壬申の乱が起きる天智天皇も同じだとも言えよう。ちなみに天智は四十六歳、信長は四十九歳、亡くなった年も近い。二人ともまだ比較的若く、志半ばの死だった。

天武天皇と秀吉

　天武天皇（大海人皇子）と豊臣秀吉はどうだろう。百姓の出身ともいわれる身分から一大出世を遂げた秀吉と大海人皇子とでは違いは大きいようにも思うが、直木氏が二人の共通性として指摘するのは、包容力のある人間性、その度量の大きさである。

天武が不遇な立場から壬申の乱を起こした時、皇族や有力豪族、地方豪族といった広範な層の人びとの支持があった。それは彼が「宮廷の内外に人望があったから」であるが、特に「度量が広く、多くの人びとを差別せずに受け入れていた結果であろう」という。たしかに長年、兄天智の下でその右腕として支えてきた経験を持ち、天智朝の末年に兄と決別して下野した天武は、苦労人といえるかもしれない。その点では秀吉と似ているともいえる。

他に秀吉と共通するところとして、「決定的な瞬間における決断の早さと行動力」を直木氏は挙げる。それは天武にとっては壬申の乱の時、秀吉にとっては本能寺の変から山崎の合戦に至る間のいわゆる「中国大返し」、それに賤ヶ《しずが》岳《たけ》の戦いであるという。「こうした思いきった行動ができたのは、上に立つ者としての大局観にすぐれていたからであろう」と直木氏は述べる。

持統天皇と家康

持統天皇と徳川家康。片や律令国家建設の完成者、こなたは戦国の世を終らせ、徳川幕府による天下統一を完成させた人物。先の二人の事業を引き継ぎ、完成した人という歴史的役割の共通性は指摘できるだろう。また即位すると持統は高市皇子を太政大臣、丹比真《たじひのま》人嶋《ひとしま》を右大臣、他にも若い藤原不比等《ふじわらのふひと》なども登用してブレーンとし、彼らを相談相手として律令国家完成の仕上げを達成した。この点、本多正信、金地《こんち》院崇伝《いんすうでん》、南光坊天海《なんこうぼうてんかい》、林羅《はやしら》山《ざん》など優秀なブレーンを擁していた家康と共通すると直木氏はいう。「独裁を避け、集団指導体制を布いて、衆知を集め、辛抱強く自分の意図する方向に政治を動かしてゆく」、その「忍耐力と指導性」に共通するものがあると言うのだ。

他にも共通性はある。それは「後継者に地位を譲ったのちも、後見として政権の座に座り続けた」、いわば院政を布いたことである。持統は孫の文武に譲位してのち太上天皇として、家康は息子の秀忠に将軍職を譲ってのち大御所として、引退後もにらみをきかせた。二人とも自らが確立した国家や体制の永続を見届けてこの世を去った。

古代と戦国、三英傑の比較

こう見てくると、意外にも両者に共通点の多いことが納得できるのではないか。もちろん古代の三人と戦国の三人とには異なるところも多い。関ヶ原の合戦、大坂の陣を経ての秀吉から家康への政権奪取のプロセスは、夫から妻へ比較的スムーズに皇位が継がれた天武から持統への継承とは似ていない。むしろ、壬申の乱を経ての天智から天武への政権交代を想起させる。本書でものちに触れるように、大海人皇子の娘十《と》市《いち》皇女が天智の息子の大友皇子と結婚し、葛野《かどの》王が生まれているところなどは、家康の孫千姫が豊臣秀頼に嫁いでいたことを想起させる。

それに言うまでもないが、持統は女帝であった。古代は戦国と違い、女性の時代でもあった。ここは大きく異なる。また先にも述べたように古代の三人は兄弟、父娘、夫婦であり叔父姪という親族関係にあった。互いに血縁関係にはなかった戦国の三人とは異なる。天智天皇・天武天皇・持統天皇、この三人の人間性については、本書でもまたのちに触れたいと思う。

前章では、壬申の乱の経緯を『日本書紀』の記述に拠りながら詳しく見てきた。以下では、この乱を女性たちの視点から捉え直し、考え直してみたいと思う。まずその手始めに中大兄皇子と大海人皇子というこの乱の主役ともいうべき兄弟の共通の母である皇極《こうぎょく》天皇（斉明《さいめい》天皇）について、見ていこうと思う。時間は少し遡る。

皇極（斉明）天皇

皇極天皇——のちに重祚《ちょうそ》して斉明天皇と呼ばれる。即位前の名前は宝《たから》皇女——は、敏達《びだつ》天皇の孫にあたる茅渟《ちぬ》王の娘で、母は吉備姫《きびひめ》王といった。彼女が最初に結婚したのは、用明天皇の孫の高向《たかむく》王（出自不明）であった。この間に漢《あや》王（漢皇子）という子も産んでいる。しかし死別したのか、生別したのかは定かでないが、彼女はのちに二度目の結婚をしている。漢王（漢皇子）はその後の史料に全く名を残さないことからすると、おそらく早世したのであろう。

二度目の夫の名は、田村皇子（舒明《じょめい》天皇）。舒明の父押坂彦人大兄《おしざかひこひとのおおえ》皇子は、敏達天皇の長子であった。この押坂彦人大兄皇子は、天皇家の嫡流ともいうべき生まれであり、本来であれば、大王の座に就くべき人物であったが、ついに即位はならず亡くなった。押坂彦人大兄皇子は茅渟王の父で、宝皇女の祖父でもあり、したがって田村皇子と宝皇女は伯父と姪の関係にあった。

この田村皇子との間に宝皇女は三人の子を産んだ。最初の子は中大兄、次子が間人《はしひと》皇女、末子が大海人皇子であった。中大兄が生まれたのは、推古《すいこ》天皇三十四年（六二六年）であったことがわかっている。

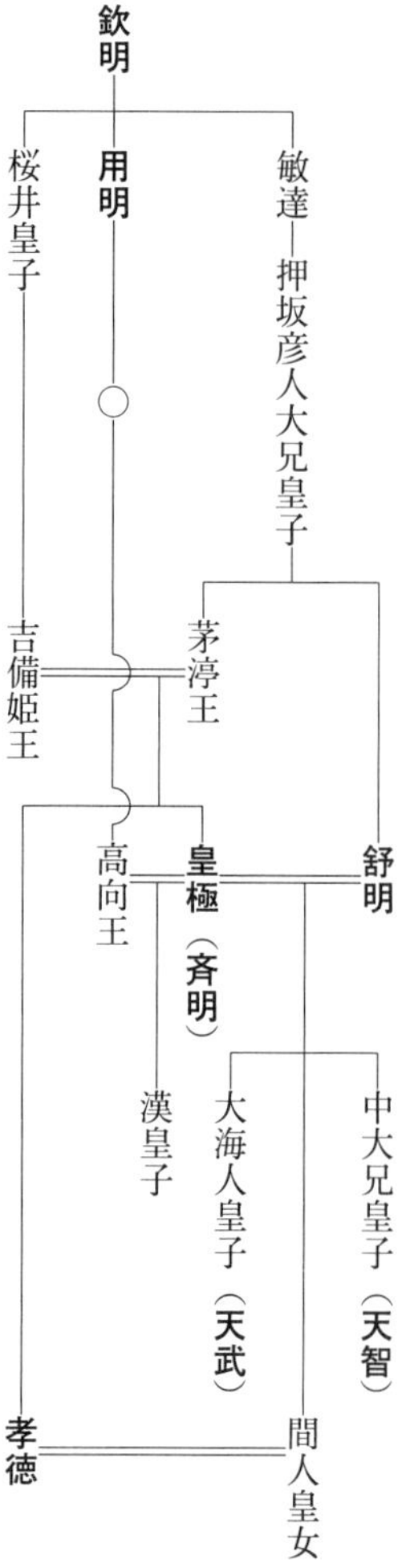

皇極天皇の系譜

但《ただ》し彼の誕生を伝える記事が『日本書紀』にあるわけではなく、また彼の死去を伝える記事にその享年が記されているわけでもない。生年がわかるのは、父舒明の崩御を伝える『日本書紀』舒明天皇十三年十月条に、葬儀（殯《もがり》）において、彼がこの時「年十六」で「誄《しのびごと》」（現代の弔辞にあたることば）をよみあげたとあるからである。その三十年後の六七一年の十二月に、天智は亡くなる。そこから計算すると、亡くなった時、数えで四十六歳だったことがわかる。

天智・天武兄弟の生まれた年

次に天武天皇（大海人皇子）の亡くなった年齢については、『日本書紀』や『続日本紀』などに記載がない。ただ後代の史書ではあるが、『一代要記』（鎌倉中期成立）『本朝皇胤紹運録』（室町中期成立）には享年「六十五歳」、『神皇正統記』（南北朝期成立）には「七十三歳」とある。しかし前者では生年が六二二年、後者だと六一四年ということになり、六二六年生まれの中大兄よりも年上になってしまう。そこでかつては『一代要記』『本朝皇胤紹運録』の「六十五歳」を「五十六歳」の誤記とみて、これだと六三〇年の生まれで中大兄より四歳下となりちょうどいいだろうと言われてきた。一九六五年に刊行された岩波書店の日本古典文学大系の注釈などでは、この読みを採用している。

しかし『一代要記』『本朝皇胤紹運録』といった後代の史書が、依るべき古い史料に基づいて書かれているとも思えず、「六十五歳」を「五十六歳」の誤りとするのも如何にもご都合主義ともいえる解釈である。のちに大《お》和《わ》岩雄氏がこの天武六十五歳死去説を唱え、実は大海人皇子のほうが中大兄よりも年上であったという説、さらには大海人皇子は皇極天皇が前夫高向王との間に産んだ漢皇子と同一人物であるという説を主張した。あるいは、また別の著者によって、大海人皇子は皇族の人ではなく、渡来人がなりすましたのであるという奇説まで現われ、話題になった。いわば天智、天武非兄弟説である。

いずれも話としては面白いのだが、学問的には信じるに足るだけの根拠は乏しいと言わざるを得ない。今も述べたように、『日本書紀』に記載がないからといって、依るべき古い史料に基づいて書かれているとも思えない後代の史書に頼るのは適切ではなかった。大海人皇子と漢皇子を同一人物とするのは、昭和三十年代、四十年代に松本清張などの推理小説でよく取り上げられた、ある人物が偽名を使って別の人物になりすまし、犯罪を犯すといったトリックを想起してしまう。

考えてみれば、この当時の人物でも亡くなった時の年齢が『日本書紀』に明記されている例は案外少ない。持統天皇も皇極天皇も年齢は記されていない。先述したように、天智天皇の年齢にしてもその崩御を伝える天智十年十二月条に、享年が記されているわけではなかった。たまたまその三十年前の父舒明の殯の記事に、

この時、東宮開別《ひらかすわけ》皇子、年十六、誄《しのびこと》したまふ。

とあるから、類推できるのであって、「天智紀」の崩御記事を書いた人物は天智の没年は知らなかった可能性が高いだろう。

これらからすると、大海人皇子の年齢がわからないのもそれほど不審なことではないの

であって、『日本書紀』がことさら真実を隠蔽しようとしているとは思えないのである。では実際は中大兄と大海人の間は何歳くらい離れていたのだろうか。二人の間には、間人皇女という姉（妹）もいたから、四歳以上は離れていたことは確かであろう。根拠をもって言うことができるのはそれくらいまでであって、中大兄・間人皇女・大海人が、皇極と舒明との間に産まれた同母の兄妹弟であるとする『日本書紀』の記載を否定できるだけの根拠はないことを明記しておきたい。

皇極天皇の即位

さて宝皇女（のちの皇極）が田村皇子と二度目の結婚をして、数年後に推古が七十五歳で長逝すると、田村皇子は有力な王位継承候補者として浮上した。宝皇女にとって、新しい夫は前夫より少なくとも将来性のある夫であった。推古の後継者には他に聖徳太子の長子の山背大兄王も候補にあがったが、蘇我氏の族長である大臣の蘇我蝦夷が推したこともあって、田村皇子が皇位につくことになった。舒明天皇である。夫が即位したことで、宝皇女は大后《おおきさき》（のちの皇后）の座についた。舒明が即位十三年目に亡くなると、再び次の皇位継承者問題が浮上する。候補者となったのは、先にも舒明と皇位を争った山背大兄王、それに舒明の皇子である古人大兄《ふるひとのおおえ》皇子（母は蘇我馬子の娘）、そして中大兄であった。複数の候補者がいて次期大王を決めにくい場合、先帝の皇后が暫定的に即位することがあるが、皇極もこうした役割を期待されてであろう、即位した。したがって即位しても彼女の後継者問題は、ずっとくすぶっていた。

ただ当初、蘇我蝦夷・入鹿が滅ぶ乙巳の変までは、中大兄より蘇我氏を後ろ盾にする異母兄の古人大兄皇子のほうが皇位継承上、優位な立場にあった。中大兄と古人大兄は、父舒明天皇亡き後の大王位を争う関係にあったが――それでも一方では互いの関係を維持する必要からか――、二人の間には姻戚関係が持たれていた。中大兄は、古人大兄の娘で、自らにとって姪にあたる倭姫を娶《めと》っている。

乙巳の変で中大兄が蝦夷・入鹿を滅ぼすと、後ろ盾を失った古人大兄皇子は出家して吉野に退隠したが、三カ月後、謀反の疑いをかけられ、一族もろとも滅ぼされた。その背後に中大兄の謀略があったことは衆目の一致するところである。

中大兄と大海人皇子の姉妹である間人皇女の婚姻にも、政略が絡んでいた。彼女が夫としたのは、母皇極の弟で乙巳の変後に即位した軽皇子、すなわち孝徳天皇である。これも叔父と姪の婚姻である。

日本の古代には、叔父姪婚、叔母甥婚、また異母の兄妹、姉弟の婚姻はタブーではなかった。のちの天武・持統夫婦は叔父姪だし、敏達・推古は母は違うが父はいずれも欽明天皇。聖徳太子の子ども同士の山背大兄王と春米《つきしね》女王も異母兄妹で結婚している。この点は中国や朝鮮とは異なる風俗である。ただ、同母の兄妹、姉弟はさすがに許されなかった。伝承の世界とはいえ、五世紀半ば、允恭《いんぎょう》天皇の皇子で皇太子だった木梨軽太子《きなしのかるのみこ》と同母の軽大郎女《おおいらつめ》とは、互いに愛し合ったためにすべてを失う。

中大兄の許されない愛？

中大兄とその同母妹間人皇女はまさにこの許されない愛の間柄にあったとする説がある。皇后である間人皇女は天皇たる夫がいながら、よりによって同母の兄と不倫関係にあったというのである。中大兄という人は、母斉明天皇が亡くなった後もなかなか即位をせず、六年間は「称制」というあくまで天皇代行の立場に留まった。なぜこれだけの間、即位を待ったのか、他に候補者がいたわけでもない中で疑問は残る。その回答のひとつとして、この同母妹との不倫関係が災いしたのではないか、世間の批判を浴びて即位できなかったのではないかというのである。

事実、天智の即位は、間人皇女の埋葬の終った天智称制六年二月のあとのことで、翌月の三月に近江に遷都し、七年正月に即位したのであった。これを「同母妹との結婚という禁忌を犯したために天皇になれなかった」、間人皇女が生きている間は、彼女を妻とした中大兄は天皇になれなかったのだ、というのである。この説を最初に唱えたのは万葉学者の吉永登氏で、これに古代史学者直木孝次郎氏が賛同した。

その一番の史料的根拠となったのが、『日本書紀』の白雉《はくち》四年是歳条、難波宮から飛鳥京への還都をめぐる、中大兄と孝徳天皇の確執を伝える所伝である。乙巳の変ののち、飛鳥から遷都された難波長柄豊碕宮《ながらとよさきのみや》は、孝徳天皇にとっては吉祥である白雉が発見され、これを祝って白雉と改元した思い入れ深い都であったが、中大兄は飛鳥京へ戻ることを進言する。天皇がこれを拒否すると、母皇極・妹間人皇女・「皇弟」ら、さらに「公卿百官の人等」を伴い、先に飛鳥へ還ってしまった。哀れにも難波には天皇が残されるばかりとなった。

孤立し絶望した天皇は「恨」んで「国位を捨」てようとし、「山崎」（山背国乙訓郡大山崎）に宮を造らせたという。

兄妹恋愛説は信じられるか

この時、自分を置いて母や兄と共に飛鳥へ還ってしまった皇后間人皇女に宛てて送った歌が、『日本書紀』に収められている。

鉗木《かなき》舂《つ》け　吾が飼ふ駒は　引き出せず　吾れ飼ふ駒を　人見つらむか

（逃げないように金木をつけて　私が飼っている馬を　小屋から引き出せないように
私が飼っている駒を　他人が見たのであろうか）

日本古典文学大系『日本書紀』の注釈にはこうある。「愛する間人皇后が中大兄と心を合わせて大和へ去ったことを嘆じた歌。当時、見ルという言葉は、男女相会う意を示す場合もあるので、この表現は、間人皇后についての深い危惧・懸念・不安を表わしている」。そこからさらにこの兄と妹の恋愛関係を推測するのが、吉永氏・直木氏の説なのである。

直木氏は、年からいって不釣り合いの叔父との結婚を強いられた彼女が「老境」の天皇より、「なお政治改革の理想に向って苦闘する若い兄に心ひかれ」、「その兄も政略結婚の犠牲になって青春を失った妹をいとおしむのは、自然の情」であったろうと推測する。中大兄も同母兄妹の結婚が重大なタブーであり、それを破れば幾多の困難が生ずることはよく知っていたであろう。「それでも彼は、あえてタブーにいどみ、間人皇女との愛を貫いたのである」という。妹が生きている間は、彼女を妻としている中大兄は天皇になれない。「彼は皇位につくより、間人皇女との恋を大切にしたといってよい」というのである。

この説には批判もある。第一に、もし本当にこの同母兄妹が公然と事実上の結婚関係にあったならば、それは木梨軽太子と軽大郎女の伝承にもあったように、いくら皇太子であっても倫理上許されないことであり、即位できないといった程度の咎めで済まされるものではない、という批判である。まして二人の生母である斉明は存命であり、自らが産んだ子ども二人がそのような禁断の関係になったとしたら、とても平然としていられるわけはないのだが、『日本書紀』等を見ても、この間、母親と子どもたちの間に何らかのトラブルがあったように見受けられない。むしろ間人皇女は、母に深く愛された。

斉明天皇陵の謎

特に私が指摘したいのは、間人皇女がおそらく母斉明天皇の意志によりその御陵に合葬されている事実である。『日本書紀』天智天皇六年二月条にこうある。

六年春二月壬辰朔戊午、天豊財重日足姫《あめとよたからいかしひたらしひめ》天皇（斉明天皇）と間人皇女とを小《お》市岡上《ちおかのうえ》陵に合わせ葬むる。是日に皇孫大田皇女を陵の前の墓に葬る。

現在、多くの考古学者が斉明天皇陵と推定しているのは、奈良県明日香村の牽牛子塚《けんごしづか》古墳である。この古墳には、二上山《ふたかみやま》の凝灰岩を刳《く》り抜いて造営された、二つの棺を収めるための横口式石槨《せっかく》が設けられている。元々二人を合葬するために設計された古墳なのである。そしてこの古墳のすぐ前には陪塚《ばいちょう》的な小古墳が存在する。この事実は、『日本書紀』にある斉明と間人皇女を合葬したという所伝、及び大田皇女（天智の皇女で大海人の妃）を陵の前の墓に葬ったという所伝とも符合する。二〇〇九年から一一年度に行なわれた発掘調査により、この古墳の内部が明らかになり、これが斉明天皇陵であることが確実となった。

ただ斉明の崩御から約四十年後の『続日本紀』文武天皇三年（六九九年）十月条によると、この年、斉明天皇陵と天智陵を「営造」するにあたって重罪を除いて「恩赦」が実行されたとある。次いで実際にこの二つの天皇陵の「修造」が開始された。

辛丑、浄広肆衣縫王《じょうこうしきぬぬい》、直大壱当麻《じきだいいちたぎまの》真人国見《まひとくにみ》、直広参土師《じきこうさんはじ》宿禰《のすくね》根麻呂《ねまろ》、直大肆《じきだいし》田中朝臣《たなかのあそん》法麻呂《のりまろ》、判官四人、主典二人、大工二人を越智山陵に、浄広肆大石王、直大弐《じきだいに》粟田《あわたの》朝臣真人《あそんまひと》、直広参土師宿禰馬手《うまて》、直広肆小治田《おはりだ》朝臣当麻、判官四人、主典二人、大工二人を山科山陵に遣して、並びに功を分かちて修造せしむ。

（辛丑、浄広肆衣縫王、直大壱当麻真人国見、直広参土師宿禰根麻呂、直大肆田中朝臣

牽牛子塚古墳

法麻呂、判官四人、主典二人、大工二人を越智山陵〔斉明天皇陵〕に、浄広肆大石王、直大弐粟田朝臣真人、直広参土師宿禰馬手、直広肆小治田朝臣当麻、判官四人、主典二人、大工二人を山科山陵〔天智天皇陵〕に遣して、並びに労働力を分けて修造させた）

「営造」・「修造」が、全く新たに古墳を造ることをいうのか、既にある古墳を修理することをいうのか、あるいは未完成の状態の古墳を完成させることをいうのか、諸説あり判明しない。

考古学者の白石太一郎氏・今尾文昭氏は、年代等からすると牽牛子塚古墳は文武朝に新しく造られた古墳であって、天智朝に造られた斉明陵はこれに近いところにある岩屋山古墳であろうとする。有力な見解ではあるが、私は別の見方もありえると考えている。間人皇女が亡くなったのは、天智四年二月。斉明天皇の崩御から約三年七カ月が過ぎていた。この間、斉明の遺体はどこかに埋葬されていたはずである。そしてこの墓には、早世した彼女の孫も合葬されていたはずである。

斉明には、建皇子《たける》（中大兄の男子）という孫がいたが、『日本書紀』は彼について「唖《おうし》にして語《もう》すこと能《あた》はず」（天智七年二月条）と記している。そしてこの王は斉明四年（六五八年）八歳で亡くなった。このとき、斉明は、

> 万歳千秋の後、かならず朕の陵に合葬すべし。（『日本書紀』斉明四年五月条）

と命じたという。建皇子を特に愛した斉明は、自分の没後に建皇子を共に葬るよう命じたのであった。最初、斉明が埋葬された古墳には、遺言通り、建皇子の棺も合葬されていたのだろう。それが岩屋山古墳である可能性もあるのではないか。岩屋山古墳については、近年その築造を七世紀半ばまで上げる見解が有力となってきているが、そうした見解とも一致する。これが、間人皇女の死後に、新しく造られた牽牛子塚古墳に移されたと考えることもできるように思う。

孝徳天皇と間人皇后

自分より先に亡くなった孫と同様、娘の間人皇女を自分と合葬することは、母斉明自身の意志であったと見て間違いあるまい。建皇子と同じく、この娘もまたとりわけ母の深い愛を受けていたことが偲ばれる。斉明としては、自分の弟孝徳とかなりの年の差があるにもかかわらず政略ゆえに結婚させたことが、気に掛かっていたのかもしれない。斉明は殊《こと》の外《ほか》、間人皇女を愛し、気に掛けていた。もし禁断の愛を知っていたなら、母である斉明が自分の産んだこの兄妹の恋愛を許すはずもない。母に知られぬ秘密の関係だったということもありえない。ここでは、この関係が人の知るところとなり、これが原因で中大兄は衆望を得られず、天皇になれなかったというのであるから。では孝徳のあの歌の一節はどう解釈したらいいのだろうか。

……吾が飼ふ駒は　引き出せず　吾れ飼ふ駒を　人見つらむか

（私が飼っている馬を　小屋から引き出せないように　私が飼っている駒を　他人が見たのであろうか）

たしかに私の大事な馬が手元から離れてしまった、誰に取られたのであろうかという嘆きは、自分を置いて母や兄と飛鳥へ帰ってしまった妻への恨み言である。「人見つらむか」

というのは、中大兄に取られてしまったという意味でもあろう。ただこれは、孤立した孝徳の恨みの気持、嫉妬の気持から出た、ある意味思い余っての詩的な表現ではなかったろうか。本気で中大兄と間人の仲を疑っているのではないだろうと私は思う。それくらい天皇は追い詰められていたのである。中大兄の即位が遅れた理由は別のところに見出さなければならないと考えている。

斉明の重祚

孝徳は、その後まもなく、孤立したまま難波宮で崩御する。危篤の報を聞いた斉明・中大兄・間人皇女らは既に飛鳥京へ帰っていたが、このときばかりは、この人たちも難波宮に戻り、見舞ったという。既に書いたけれども（拙著『女帝と譲位の古代史』）、私はこのとき孝徳天皇は事実上皇位を追われていたと考えている。

『日本書紀』は孝徳の崩御を受けて斉明が重祚したと記しているが、実際にはもう彼の生前から実権は失われ、斉明に移っていたのであろう。正式な即位儀礼のようなものをしていたかどうかは別にしても、難波から飛鳥へ還都が行われた時点で、クーデター的に皇位は交代したものと考えられるのである。

こうして即位したとされるのが斉明天皇、日本初の重祚である。なぜこのとき、中大兄は即位しなかったのか。乙巳の変の折には二十歳だった彼ももう三十歳になっていた。即位の要件は満たしていたと思われるが、あえて異例の重祚をしてまで斉明が即位した。先ほど述べたように、孝徳が事実上皇位を降ろされたと見るならば、この間の事情も違って見えてくるであろう。そのあとすぐに中大兄が即位したとなると、如何にも孝徳を引きずりおろして自らが即位したことになり、印象も悪い。豪族たちの声望を失う恐れも十分ある。一方、斉明の再登板であれば、もともと孝徳に位を譲ったのは彼女であるから、そのあと即位したとしても悪い印象がつく恐れは少ない。こうしたことを考慮して、中大兄は即位を見送り、斉明の重祚となったのではないかと考えている。

斉明朝は、同盟国百済が唐と新羅の連合軍の攻撃を受けて滅ぶという動乱のなかで翻弄された時代であった。百済復興支援のため、斉明天皇・中大兄らが筑紫国朝倉まで遠征するという異常事態のうちに、斉明は崩御した。『日本書紀』の記事を見ると、直前に何人もの人が相次いで亡くなっていることから、斉明の死は半島から渡ってきた伝染病によるものではないかと推測されている。

中大兄と仏教

斉明の死後、中大兄は正式即位はせず、称制という形で政務を執る。百済遠征という非常時において、正式即位をする余裕は政権にはなかったのであろう。倭・百済連合軍が唐・新羅連合軍に大敗した白村江の戦いは、倭国にとり大きな痛手であった。中大兄の即位がさらに長引いたのは、国内諸豪族の反発が予想されたからかもしれない。

間人皇女が亡くなったのは、天智称制四年二月。唐の侵攻に備えて対馬・壱岐・筑紫、また瀬戸内海各地に防人《さきもり》・烽火《とぶひ》や水城、山城が築かれていたさなかのことだった。妹の死の翌月、兄はその法要のため、三百三十人に出家を命じた。

　三月癸卯朔、間人皇女の為に三百三十人を度《いえで》せしむ。

　（三月癸卯朔、間人皇女の冥福を祈る為に三百三十人を得度させた）

天智天皇の仏教に対する態度について、古く家永三郎氏が興味深い指摘をしている。天智という人は、若いころから一貫して儒教に基づく政治改革にのみ専心する反面、仏教を顧みるいとまはなく、彼が自発的な仏教信仰を示すようになるのは晩年の天智十年の不予以後のことであるというのである。

こうした見方にはその後、異論が呈され、大津宮付近に崇福寺《すうふくじ》（志《し》我《が》山寺《さんじ》）が建立されたこと（『扶桑略記』によると天智七年創立という）、大津宮内部に内裏仏殿が存在したことなど、大津宮とその周辺には寺院や仏殿がいくつも建立されていたことが推測されるに至った。崇福寺については、のちにも触れたいが、『扶桑略記』（平安時代後期、延暦寺の僧皇円により編纂された史書）によると、天智天皇が仏の夢告を得て創立したとある。

ただ家永氏の指摘する通り、たしかにある時期までの中大兄に仏教に関わる伝承がほとんどないのも事実である。私見では分水嶺となるのは、先に挙げた天智称制四年二月の間人大后の薨去《こうきょ》ころからではないだろうか。翌月、その初七日に三百三十人もの僧が得度した。

仏教史家の田村圓澄氏によれば、これは天皇の発願による大量得度の始まりとされる。おおよそこの頃を境に、天智は仏教信仰に熱心になっていったようにも見える。間人皇女の死は、天智にとって大きな心境の変化をもたらす出来事だったように思われるのである。

鎌足の死

天智八年十月、天智の治世にも暗雲がさし始める。中臣鎌足の死である。天皇は「親《みずか》ら藤原内大臣家」に「幸《いで》」して見舞いをしたが、鎌足は「憂へ悴《かじ》け」たること「極めて甚」

だしかったという。言い残したのは、「葬事は軽易に用ゐるべし（葬儀は簡素なものにしてください）」ということと、「生きて則ち軍国に務《つとめ》無し。死して則ち何ぞ重ねて難せん（生存中は国の軍事に務めを果たすことができなかったのに、死して尚どうして重ねて煩わせることができましょうや）」。そう言って賞賛されたという。

五日後、天皇は大海人皇子を遣わして「大織冠《たいしょくかん》」と「大臣」の地位、それに「藤原氏」という姓を授けた。亡くなったのはその翌日。五十六歳だった。天智は右腕を失った。

翌年二月、日本初の全国的な戸籍である「庚午年籍《こうごねんじゃく》」が作成された。唐の侵攻に備えての防衛強化は続き、長門に一つ、筑紫に二つの城を築き、河内の高安城の整備も行った。都を近江の大津宮からさらに湖東の平野に移す計画もあったようで、近江国蒲生《がもう》郡の「匱《ひ》迮野《さの》」の「宮地」を天皇親ら視察した。四月三十日の「夜半之後」、法隆寺《ほうりゅうじ》に火災が起き、「一屋も余ることは無」かった。

大友皇子の太政大臣就任

天智十年正月になって、大友皇子が初の太政大臣に就任、蘇我赤兄《あかえ》が左大臣、中臣金が右大臣に就任する。その下の「御史《ぎょし》大夫《たいふ》」（『日本書紀』には「今の大納言か」と注記がある。

かつてであれば、大夫・マエツギミに当たるだろう）には、「蘇我果安臣・巨勢人臣・紀大《う》人《し》臣」の三人の名が見える。『日本書紀』はこの新体制の下で、「冠位法度之事」が「施行」されたと伝える。そしてこの「冠位法度之事」とは「法度冠位の名は具《つぶさ》に新律令に載せたり（法度と冠位の名前の詳しくは新しい律令に載せてある）」と注記する。この「法度」が日本初の令である近江令に相当するのではないかと古来考えられてきた。

　近江令に関してはその存否について論争があり、なかったとする説を支持する研究者も多い。ここではこの論争に深入りはせず、鎌足を失った天智の嘆きとその後の政権の暗雲を想像するにとどめたい。天智は、鎌足を失った今、改めて自らの死後の政府について不安を募らせたに違いない。天智十年の新体制は、自分亡き後のことを託して構想されたものに違いないのである。そこで新設の太政大臣に任命されたのが、若き大友皇子なのであった。このときの太政大臣が皇太子に近い役割を以て設けられたものであることを、古く井上光貞氏が明らかにしている。

　それまで長く兄を支え、助けてきたはずの大海人皇子はそこから外されていた。このとき大友皇子は二十四歳。天智は長年自分を支えてきてくれた大海人皇子ではなく、息子大友皇子に皇位を継がせる決心をしたようにみえる。大友皇子の母は伊賀采女《うねめ》という伊賀の中小豪族の出身である。采女とは、地方の豪族が大王への服属の証として娘を天皇に納めるもので、后妃としては格下であることは否定できない。この点で大友皇子にはハンディキャップがあったが、それでも天智の長男である。しかも若くしてなかなかの期待を抱かせる秀でた青年であったらしい。

『懐風藻』の大友皇子伝

『懐風藻《かいふうそう》』の大友皇子伝は、

　皇太子は、淡海《おうみ》帝の長子なり。魁岸奇偉《かいがんきい》、風範弘深《ふうはんこうしん》、眼中精耀《がんちゆうせいよう》、顧盼煒燁《こべんいよう》。

と形容する。優れて大きく（魁岸奇偉）、風采が広大で深遠で（風範弘深）、眼の中が鮮やかに光り（眼中精耀）、振り返り見る時の眼は輝かしく光る（顧盼煒燁）、と。また、

　年甫《はじ》めて弱冠、太政大臣に拝《め》され、百揆を総《す》べて試みる。皇子博学多通、文武の材幹有り。始めて萬機を親しめすに、群下畏服し、粛然にあらずといふこと莫《な》し。

（年齢二十歳にして、太政大臣を拝命し、政治万般を総括し試された。皇子は博学で多くのことに通じ、文武の才能があられた。始めて万般のことを治められたが、群臣たちは皆畏れ服し、粛然と従わない者はなかった）

とある（小島憲之校注『懐風藻』日本古典文学大系）。

『懐風藻』は冒頭に大友皇子の作を掲載し、その才能を高く評価している。この日本最古の漢詩集の編者を皇子の曾孫の淡海三《おうみのみ》船《ふね》に当てる説もあり、それゆえの讃辞かとも思えるが、それにしても彼が大いに期待された青年だったらしいことは推測できる。これまでも多くの史学者がみてきたように、天智にとってこれまで長く自分を補佐してくれた弟ではあるが、若い優秀な我が子に皇位を譲りたいという気持が勝ったのだろうか。もうひとつは、これまでの倭国で慣習法的に行なわれてきた兄弟継承から中国的な長子継承への転換、という意図もあったのではないか、とされている。

兄弟の確執

このころの出来事だろうか。以下のエピソードが『藤氏家伝』に記されている。

摂政六年春三月、近江国に遷都す。七年正月、天皇の位に即く。是、天命《あめみこと》開《ひらかす》別《わけ》天皇といふ。朝廷に事無く、遊覧是を好む。人に菜色無く、家に余畜有り。民咸《ことごと》く太平之代と称す。

帝、群臣を召して浜楼に置酒す。酒、酣《たけなわ》にして歓、極《きわ》む。是に於《お》いて大皇弟、長き槍を以て敷板を刺し貫く。帝、驚きて大いに怒り、以て将《まさ》に執《と》らえて害さんとす。大臣固く諫《いさ》め、帝即ち止む。大皇弟、初め大臣の遇する所の高きを忌むるも、これより以後、殊《こと》に親しくし重んず。後に、壬申の乱に値《あ》い、芳野より東土に向かひし時、歎きて曰く、「もし大臣生きて存らば、吾豈《あに》この困に至らむや」。

（摂政六年春三月、近江国に遷都された。七年正月、天皇の位に即かれた。のちに天命開別天皇という。朝廷は平和で、多くの人々は琵琶湖の遊覧を好んだ。人々は食料も満ち足り、家に蓄財が貯まった。民はことごとく太平之代と讃えた。帝は群臣を召《まね》いて、琵琶湖の浜楼で宴を開かれた。酒宴が盛り上がり、喜びも最高潮となった頃、大皇弟〔大海人皇子〕が長き槍を以て敷板を刺し貫かれた。帝は驚かれてひどくお怒りになり、皇子を執らえて殺そうとされた。しかし大臣〔鎌足〕が固く諫め、帝も思いとどまられた。大皇弟は、初めは帝が大臣を高く遇されるのを苦々しく思っておられたが、この事件以後、殊に親しくし尊重されるようになった。後に、壬申の乱に遭遇し、吉野より東土に向かわれた時、歎いて「もし大臣が生きていたら、吾はどうしてこのような困難に遭ったであろうか〔遭わなかったはずだ〕」とおっしゃったという）

時期は、近江に遷都（天智六年三月）してしばらくして落ち着いたころ、鎌足の亡くなる（天智八年十月）前というと、天智七年の春から八年夏ころまでということになるだろうか。このような兄弟一触即発の事件があったというのである。この伝承からどのような事情が読み取れるだろうか。大海人皇子が近江朝廷に、特に兄である天皇に鬱屈した反感を抱いていたことは疑いない。その主たる原因は、やはり後継に大友皇子が内定し、自分は外されたことにあるのだろう。宴たけなわの最中にいきなり激烈な感情を表に出すような大胆不敵なふるまいをしたのは、いささか投げやりな思いに陥っていたのか、それともこれくらいのことで自分は罰せられないというこれまでの実績から来る驕慢ともいえる自信があったのか。兄弟の決定的な対立を止めたのは鎌足だった（このあたりは鎌足伝ゆえの潤色も考えねばならないが）。その鎌足の死は、やはり乱を誘発するものがあったのかもしれない。

大海人と鎌足の関係

ただ忘れてはならないのは、この一件まで大海人は鎌足を疎《うと》んでいたとあることだ。理由は、彼が天智からあまりに高く遇されているから。要するに、大海人は天智に重用される鎌足を妬んでいたのである。このとき、助命嘆願してくれたことで、大海人は鎌足への見方を変えるようになったというが、これは鎌足の死の一年かそこら前のことにすぎない。逆にいうとそれまで二人はずっと疎遠だったのである。

いや、『藤氏家伝』はこのように伝えているけれども、少し割り引いて考えたほうがいいのかもしれない。最後まで二人には距離があったのではないか、とさえ思える。元々、鎌足は娘を大友皇子に嫁がせていた（『懐風藻』に拠る）が、大海人皇子にも氷上娘《ひかみのいらつめ》という娘を嫁がせている。保険をかけるかのように、両方と姻戚関係を結んでいたのは彼らしい政略ともいえよう。鎌足の死はやはり政変を早めたといえるかもしれない。

鎌足の憂慮

先にも見たようにその鎌足が亡くなるとき、「憂へ悴《かじ》け」たること「極めて甚」だしく、「葬事は軽易に」と言い残し、「生きて則ち軍国に務無し。死して則ち何ぞ重ねて難せん（生存中は国の軍事に務めを果たすことができなかったのに、死して尚どうして重ねて煩わせることができましょうや）」と痛恨の思いを漏らしたことを思い出したい。この言葉は当時さすが功臣と誉め讃えられたというが、単なる謙譲の精神から発したとは思えない。「生きて則ち軍国に務無し」は、白村江の敗戦の責任を感じての言葉ではないか、と青木和夫氏らが推測しているのは正しいだろう。

　では天智が最後の見舞いに訪れたとき、「憂へ悴け」たること「極めて甚」だしかったのは、どうしてであろうか。このことに気を留めた研究者は少ないが、鎌足ほどの人が自らの死期の近いことを悟って塞ぎこんでいただけとは思えない。きっと自分亡き後のこの国の前途を気に病んでいたのではないかと私には思われる。鎌足のことだから、彼は天智に皇位の後継者について、どうあるべきか、どのように継承をスムーズに進められるかについても進言していたに違いない。彼の死後一年余り経ってから発表された近江令と大友皇子を太政大臣に抜擢する新体制とは、それを具現化したものだったのだろうか。それともこれに反するものだったのだろうか。ただちには答は出ない。

　最後に対立することになるこの兄弟は、しかし婿と舅の間柄でもある。天智の娘鸕野皇女（のちの持統天皇）は、大海人皇子に嫁いでいた。既に早世していたが、鸕野皇女の姉大田皇女も大海人に嫁ぎ、大津皇子と大伯《おおく》皇女を産んでいた。またのちに詳しく触れることになる大海人皇子の娘十市皇女は、大友皇子の妃でもある。幾重にもこの兄弟は姻戚関係を結んでいた。逆にいうと同母兄弟であっても、それだけの担保を持たねば維持できない緊張した関係にあったともいえる。

大海人と大田皇女、鸕野皇女の婚姻を媒酌したのは、斉明女帝ではなかったか、との推測があるが、慧眼であろう。母は、息子二人がいつか緊張した関係になるのを見越して、これを制御する深謀遠慮から、この政略結婚を勧めたのだろうか。決して想像にすぎるとは言えないだろう。

第三章　天智と大海人皇子の最後の会話

『日本書紀』の二つの記述

新体制が発足して一年経たない間に天智の健康状態が悪化し、その寿命は尽きようとしていた。まだ四十六歳。古代とは言え、道半ば、といった感が強い。ここで天智は、大海人皇子を病床に喚《よ》ぶのである。古代の英傑ともいうべき二人の最後の会話が行なわれた。まことに不思議なことに、『日本書紀』全巻通じて、この場面は「天智紀」と「天武紀」とに重複して二度見える。このようなことは極めて珍しく、何故こうなっているのか、このこと自体謎である。

A「天智紀」十年冬十月条

庚辰《かのえたつ》、天皇疾病弥《いよいよ》留《おも》し。勅《みことのり》して東宮を喚《よ》ぶ。臥内に引き入れ、詔して曰く、「朕、疾甚し。後の事を以て汝に属《つ》く」云々。是に於いて再拝して疾と称して固辞し、受けずして曰く、「請ふらくは、洪業を奉げて大后に付属し、大友王をして、諸政を奉宣《のたま》はしめむことを。臣、誓願《ねが》はくは、天皇の奉為に出家して修道せむ」と。天皇、許したまふ。東宮、起ちて再拝し、便ち内裏仏殿の南に向《い》でまして、胡床《こしよう》に踞坐《きよざ》し、鬚髪《ひげかみ》を剃《そ》除り、沙門《しやもん》と為る。是に於いて天皇、次田生《すきたのお》磐《いわ》を遣して、袈裟を送る。

（庚辰、天皇の疾病は長引き、重かった。勅をして東宮（大海人皇子）を喚び出された。寝室に引き入れ、詔して曰く、「朕の病いは重い。後の事を汝に任せる」云々。ここにおいて大海人皇子は再び陛下を拝して自らの病気を理由に即位を固辞し、こう言われた。「願わくは、天皇の位は倭姫皇后に委ねられ、大友王が諸々の政治を執り行われることを。私は天皇の病気平癒を祈るために出家して修道したいと望みます」と。天皇はこれを許された。東宮は、起ち上って再拝し、内裏仏殿の南に行って、胡床に腰掛け、鬚髪を剃り、沙門となった。ここに於いて天皇は次田生磐を遣して、袈裟を送った）

B「天武即位前紀」

四年冬十月庚辰、天皇、病に臥したまひて、痛みたまふこと甚し。是に於いて蘇賀臣安麻侶を遣して、東宮を大殿に引き入れまつる。時に安摩侶、素《もと》より東宮の好《よみ》したまふ所也。密かに東宮を顧《かえり》みて曰く、「有意《こころしら》ひて言へ」と曰《もう》す。東宮、茲《ここ》に於いて陰謀有らむことを疑ひて慎みたまふ。天皇、東宮に勅して、鴻業を授けむとす。乃《すなわ》ち辞譲して曰く、「臣、不幸にして、元より多くの病有り。何ぞ能く社稷を保《たも》たむ。願くは陛下、天下を挙げて皇后に附《よ》せたまはむことを。仍《よ》りて、大友皇子を立てて儲君《もうけのきみ》としたまへ。臣、今日出家し、陛下の為に功徳を修せむ」。天皇、聴したまふ。即日、出家して法服を着る。因《よ》りて私の兵器を収めて、悉《ことごと》く司に納めたまふ。

（四年冬十月庚辰、天皇は、病に臥して、苦しまれることが甚しかった。ここにおいて蘇賀臣安麻侶を使者として遣し、東宮〔大海人皇子〕を大殿に引き入れられた。時に安麻侶は、平素より皇子と親しい間柄であった。安麻侶は密かに東宮を振り返ってこう言った。「注意して発言なされよ」。皇子は、ここにおいて陰謀の有ることを疑って慎重に対応することを決意した。天皇は皇子に勅して、「皇位を授ける」とおっしゃった。皇子は辞譲して曰く、「私は不幸にして、以前から多くの病いがあります。どうして皇位を継ぎ、その国家を保つことが出来ましょうか。願わくは陛下、天下を挙げて皇后に任せられることをお勧めします。そして、大友皇子を立てて皇太子としてください。私は、今日出家し、陛下の病気平癒の為に功徳を修めたいと思います」。天皇は、これを許された。即日、皇子は出家して法服を着た。そこで私有の兵器を収めて、悉く官司に納めた）

病いの悪化した天智天皇が大海人皇子を寝室に引き入れ、後事を汝に託すと告げたところ、大海人皇子は病いを理由にこれを固辞し、代わりに倭姫皇后を即位させ、大友皇子に政治を任せ、皇太子とすることを進言した。そして自らは天皇の病気平癒を祈って出家入道となることを申し出た。天皇はこれを許し、法服（袈裟）を与えた。

なぜ記述が重複するのか

先に記したように、『日本書紀』全巻通じて、同じ場面が重複して見えるのは極めて珍しい。その事情として、さしあたり考えられるのは、「天智紀」と「天武紀」の編纂者が別人であった、あるいは両紀の編纂者が別系統の人々によって構成され、互いに連絡が乏しかったといった事情であろう。

事実、これまで蓄積されてきた『日本書紀』区分論の研究によれば、多くの論者は両紀は別の人物によって編纂されたとみなしている。森博達氏の分類によれば、『日本書紀』

区分論は、A使用語句、B仮名字種、C分注の件数と本注論、D語法分析、E出典と素材、F総合となるが、その多くで「天智紀」と「天武紀」は編者を異にすると判断されているのである。

両者を比較してみると、その内容に大差があるわけではない。ただ前者になくて後者にある所伝がある。蘇賀臣安麻侶があらかじめ大海人皇子に助言をする件りである。

是に於いて蘇賀臣安麻侶を遣して、東宮を大殿に引き入れまつる。時に安麻侶、素より東宮の好みしたまふ所也。密かに東宮を顧みて曰く、「有意ひて言へ」と曰す。東宮、茲《ここ》に於いて陰謀有らむことを疑ひて慎みたまふ。

このあと、天智は大海人皇子に後事を託す。しかし「天武紀」では、この助言があったために、大海人皇子は警戒して本音を漏らさず、即位を辞退するのである。この安麻侶の件りのない「天智紀」では、なぜ大海人が即位を辞退したのかがやや曖昧ではある。

「天武紀」にはそのあと、「天智紀」にはない伝承が掲載されている。

壬午、吉野宮に入る。時に左大臣蘇賀赤兄臣・右大臣中臣金連、及び大納言蘇賀果安臣等、これを送りて菟道《うじ》より返る。或《ある》ひと曰く、「虎に翼を着けて放てり」。この夕べ、嶋宮《しまのみや》に御す。

（壬午、吉野宮に入られた。時に左大臣蘇賀赤兄臣・右大臣中臣金連、及び大納言蘇賀果安臣等がこれを送り、菟道から近江へ返った。或ひとが曰った、「虎に翼を着けて放った」。この夕べに嶋宮に到着された）

近江から吉野へ下がる大海人皇子を左大臣・右大臣、大納言らが宇治まで見送ったこと、その時、或る人が「虎に翼を着けて放すようなものだ」と言ったことが記されている。これは漢籍にしばしば看取される表現で、ますます勢いを増すことの譬喩《ひゆ》である。

「天武紀」はこのあとすぐ大海人皇子が、自分は仏道修行するために吉野へ退くので、共に修道したい者は吉野へ留まれ、しかし「仕へて名を成さむと欲せし者は、還りて司に仕へよ（朝廷に仕えて名を成そうと欲する者は、近江宮に還って官司に仕えよ）」と言う場面があり、またその半年後、決起する際にも、「朕、位を譲り世を遁《のが》るる所以は、独り病を治め、身を全くして、永に百年を終へむのみ。然るに今し、やむこと獲《え》ずして禍を承けむとす。何ぞ黙して身を亡さむや（朕が皇位を譲って遁世した理由は、一人で病を治し、健康になって寿命を全うしようと思ったからだけだ。にもかかわらず、今避けられない禍をこうむろうとしている。どうして黙って身を亡ぼすものか）」と口にしている。『日本書紀』とりわけ「天武紀」は、大海人皇子には決して王位を簒奪《さんだつ》する目的があったわけではなく、自らの身を守るためにやむをえず挙兵したことになっている。大海人皇子を見送った人が「虎に翼を着けて放すようなものだ」と言ったという記事はこれと相反するようにも見られるのである。この記事が「天武紀」に掲載されているのは全体の記載方針に反するようにも見える。

「虎に翼を着けて放す」

この「虎に翼を着けて放すようなものだ」という言葉の真意は、大海人皇子の命を生かし、吉野行きを認めたことへの批判であろう。なぜ殺してしまわなかったのか、と暗に言っているのである。「天智紀」・「天武紀」ともに、天智が大海人皇子に後事を託すと言い、しかし大海人がこれを辞退し、出家と吉野行きを申し出たということになっている。とりわけ「天武紀」では、蘇賀安麻侶の助言もあって、大海人は慎重に皇位につく意志のないことを表明し、これによって命を助けられたということになっている。

しかしこの「虎に翼を」云々の記事は、近江朝廷の中には返事の如何にかかわらず、天智の見舞いに来た大海人を謀反の罪で拘束するか殺害してしまうべきだ、という声のあったことを示唆していよう。のちのことを思えば、天智としては確かにそうすべきであったともいえる。『日本書紀』の記述では、弟の言を信じた天皇が温情をこめて命を助けたのが仇となったということになるのであろう。

ただ、そもそもこの二人の会話の場面がどこまで史実に忠実なのかも検討の余地があるのではないだろうか。私にはどうも不可解な点が拭《ぬぐ》えない。天智が大海人皇子に後事を託し、これを大海人が辞退したという所伝に疑いを挟む余地はないであろうか。

『日本書紀』の記述への疑問

先行研究をひもとくと、直木孝次郎『古代国家の成立』（「日本の歴史」2）は、なぜ大海人が天智の申し出を辞退したのかについて、「天智のことばを信用しなかった」からだとし、「うっかり皇位に執着をもつ気配をみせたならば、謀反の心を抱くというような罪名をきせられて逮捕・処刑されるかもしれぬ、と考えたのである」と述べる。これは、『日本書紀』の「天武即位前紀」が述べるところと共通しており、古くは本居宣長も次のように述べている。

御子大友皇子に、位を授けまほしくおぼしめす下の御心の、え忍びあへたまはで、ほころび出たるなりけり。（中略）出家し給《たま》はむことを、請ひ申し給ひつればこそ、難を免れ給ひしか、もし何の御心もなく、遺詔を受け給はりたまひてあらましかば、ほとほと危かりなまし。

（息子である大友皇子に皇位を授けたいと思っておられた天智天皇の下心が、隠すことができずほころび見えているのである。〔中略〕〔大海人皇子は〕出家したいとお願いされたので、難を免れたけれど、もし何の深い考えもなく天智天皇の遺詔を受けておられたら、とてもとても危ないことであったろう）

北山茂夫氏、井上光貞氏らも同様の理解をしている。北山氏は、

「安麻呂が、前記のような進言をあえて行なったからには、朝廷側が、大海人の出方如何ではこれを暗殺しようという内密の企てをもっていたのではないか。大海人は、参内にさきだって、それを察知し、危難を避けるためにも不本意にも、きっぱりと辞退したのである」

と述べている。

ただ直木氏はいったんこうした通説を提示しながら、

「しかし、ほんとうに天智はそんな陰謀をいだいて大海人をためしたのであろうか。大海人がじゃまになるのなら、こうした芝居をうたなくても方法はほかにいくらもあ

るはずである」

とし、いったん息子の大友皇子に皇位を継がせる決意をした天智が翻意して、やっぱり本心から大海人に皇位を譲る気になったのかもしれないという考えも示している。天智は大友皇子の母が地方豪族である伊賀出身の采女であること、有力な弟があれば息子より先に皇位を相続させる慣例のあることなど諸般の情勢を思案した末に、

「慣行にそむいて大友を即位させるのはやはり危険である、という考えにたどりついたのかもしれない。実力・人望・身分ともにそなわった大海人をたおすより、皇位につけるほうが、自分の遺業の発展はもちろん、大友の身の安全をまもるためにもたしかな方法であるとも思われる」

とも述べるのである。

二人の会話は史実なのか？

しかし同じ直木氏も、その後発表された「天智天皇」という論考では、

「天智天皇が愛児大友皇子の禍根を絶つために、吉野へ向かう大海人皇子に追撃をかけたなら、その後の政局は大きく変わったであろう。しかし、病の床に臥していた天

智天皇は、その決断をくださなかった。気力がすでに衰えていたのかもしれないが、かつて同じく吉野山へ入った古人大兄皇子を、政権のために攻め滅ぼした自分の行為を、にがい心持ちで反省していたのかもしれない。決断を迫る鎌足は、もう側近にいなかった」

と述べている。直木氏自身「今さら天智の心の底を探ることはできないが」と述べているのももっともなことであるが、この推測も可能性は否定できないように思う。ただ多くの論者が、大海人に皇位を譲るといった天智の言葉を本心かどうかは別として、皆史実に基づくものと考えていることには、疑ってみる余地はあるのではないだろうか。

直木氏も認めたように、「大海人がじゃまになるのなら、こうした芝居をうたなくても方法はほかにいくらもあるはず」なのである。謀反の罪状で一気に大海人の邸宅を官軍に囲ませ、殺害してしまうほうが簡単であった。あるいは見舞いに来た大海人皇子をその場で暗殺することもできた（後世のことだが、『信長公記』によると、織田信長が偽って病と称し、見舞いに来た弟信行を殺したことも想起される）。

それをしなかったのはどうしてか。直木氏の推察したように、一度は大友皇子に継がせる決心をしたけれども、やっぱり翻意して弟に継がせることにしたのだろうか。しかし天智十年に大友皇子を太政大臣に任命した時点で、天智の腹は固まっていたとみるべきだろう。いまさら信念のぐらつく天智ではない。

あるいは、死の床にいた天智は、直木氏の想像されたように「気力がすでに衰え」、「かつて同じく吉野山へ入った古人大兄皇子を、政権のために攻め滅ぼした自分の行為を、にがい心持ちで反省していた」のだろうか。それにしても、直木氏も疑ったように、「ほんとうに天智はそんな陰謀をいだいて大海人をためしたのであろうか。大海人がじゃまになるのなら、こうした芝居をうたなくても方法はほかにいくらもあるはず」ではないか。筆者もこれに賛成である。

この時点では天智が後継者を息子の大友皇子にしようと考えていたことは明白で、仮に試すために真意を偽って大海人に譲ると言ったとしても、これに騙されるような愚かな大海人ではないことは、誰よりも天智はわかっていたはずである。このように考えると、真意からはもちろん、蘇賀安麻侶の言う如く何らかの謀略であれ、「大海人皇子に譲る」といったことを天智が本当に言った可能性は低いように思われる。私は、この件りは何らかの意図を以てどれほどか創作されたもので、すべてそのままが史実の会話を伝えているわけではないと考える。

実際の会話の内幕

では実際はどのような会話が交わされたのだろうか。注意深く読むと、天智が大海人を喚んだのである。これは「天智紀」・「天武紀」に共通している。大海人が兄の病気見舞いを申し出たのではない。病床の天智が弟を喚んだのである。死ぬ前に天智には大海人に伝えたいこと、もっといえば頼みたいことがあった。そしてこれに対する返事が聞けなければ、死んでも死にきれなかったのだ。何を言ったのか。一連の『日本書紀』の記事を見れば、天智が急に翻意して大海人に皇位を譲ろうと言ったとはどうしても思えない。先ほどから述べているように、弟を試すつもりで心にもない皇位を譲るなどといったことを言ったとも思えないのである。そうではないとすれば、天智天皇は弟に何を伝えたのか。

私の想像を交えていえば、床に臥した天皇は、大海人に後事は息子大友皇子に託すこと、弟には申し訳ないがその後見となってもらいたい旨を頼んだのではないだろうか。それが気力体力衰えた天智の最後の弟への頼みだったのではないだろうか。では兄の最後の頼みに大海人はどう答えたろうか。『日本書紀』の記事を参考にするならば、大海人はこれに同意せず、倭姫皇后の即位、大友皇子の立太子と摂政を進言した。そして自らは出家し、吉野へ退くと言ったのであろう。兄は弟の意思を尊重し、出家遁世を許したのだった。

このように考えてこそ、蘇賀安麻侶の〝慎重に発言せよ〟という大海人への助言も説得力をもつ。これは天智天皇の即位要請を辞退せよ、という意味ではなく、大友皇子に継がせるという天皇の意志に逆らって、自分が即位したいなどという野心を見せてはいけない、という忠告だったとみた方がいいだろう。もしそのような真意をあからさまにすれば、さすがに病床の天皇も大海人皇子を許すことはない。そのときは「陰せる謀」が実行されるであろう。だからくれぐれも野心のあることを悟られないように恭順の意を示せ、と蘇賀安麻侶は忠告したのであろう。これが私の推測である。

「臣、誓願はくは、天皇の奉為に出家して修道せむ」という大海人皇子の申し出を天皇が許したところ、大海人は「起ちて再拝し」、そのまま大津宮の「内裏仏殿の南」に向って、「胡床に踞坐し、鬢髪を剃除り、沙門と為」った。ここに天智天皇は使者を遣して、「袈裟」を送ったという。

『清張通史5　壬申の乱』のなかで、松本清張はそのあまりの手回しの良さに着目している。天智は大海人がそういうのを待っていたというのである。元々、弟に皇位を譲る気など無かったと考える。真意は藪の中だが、一方の大海人は袈裟を贈られた時、どのような気持ちであったろうか。やはり傷心だったのではないだろうか。湖畔のそよ風を背中に感じながら、大海人皇子は大津宮を去り、吉野へ向かった。これが長年協力関係にあった兄とのついの別れであった。大津宮とも生涯の決別であった。

第四章　大海人皇子をめぐる女たち

聖地・吉野への隠遁

天智が近江で正式に即位して四年目の十月十七日、病床の天皇は弟大海人皇子を喚んだが、その場で大海人皇子は出家し、吉野へ退くことを表明した。即日、頭を剃り、「法服」を着て、「私の兵器」も「悉く司に納め」た。近江を出たのは、二日後の十九日であった。左大臣蘇賀赤兄臣・右大臣中臣金連・大納言蘇賀果安臣らが「菟道《うじ》」（現在の京都府宇治市）まで送った。その中の「或」る人が「虎に翼を着けて放てり」と言ったと「天武紀」は記す。その日の「夕」には飛鳥の「嶋宮」に入った。翌二十日には吉野に到着している。

吉野というところは、かつて天智や大海人皇子の異母兄である古人大兄皇子が、乙巳の変によって失脚した後、出家し隠棲した土地でもある。しかし三カ月後、皇子は謀反の疑

吉野宮と推定される遺跡の復元模型（写真提供：吉野町）

いをかけられ、官軍に襲撃された。『日本書紀』は、皇子は「子」と共に「斬」られ、「妃妾」は「自経」して亡くなったと記す。官軍は「兵四十」ほどだったとあるから、皇子の身の回りにいたのはせいぜい二十人程度であっただろう。壬申の乱の二十七年も前の出来事ではあるが、吉野とはこのような凄惨な殺戮が行なわれた、いわばいわく付きの土地である。

それでも古来、吉野は風光明媚な景勝地として親しまれ、雄略《ゆうりやく》天皇が好んで行幸した伝承も『記・紀』にある。神仙境的な雰囲気をもつ聖地でもあったらしい。普通なら、それでも古人大兄一族惨殺の忌まわしい記憶は抜けなかったはずだが、斉明天皇は二年是歳条に、

又、吉野宮を作る。

とあるように、ここをある種の保養地として新たに整備した。そしてたびたび訪れた。

即位五年三月条に、

天皇、吉野に幸して肆宴《とよのあかり》す。

とある。お気に入りの場所だったのである。これは現在の吉野町の宮滝遺跡であろうと推測されている。天智も大海人皇子も若き日、母に随行してここへ来たことであろう。しかしこれまでの楽しい吉野行きとは違い、この度は大海人皇子には辛い道中であった。

大海人皇子の御製

この時の気持をのちに思い起こして歌ったとされる長歌が『万葉集』に収められている(巻第一の二十五番)。

み吉野の　耳我《みみが》の嶺に
時無《な》くそ　雪は落《ふ》りける
間無《な》くそ　雨は零《ふ》りける
その雪の　時無きが如《ごとく》
その雨の　間無きが如《ごとく》

隈《くま》も落ちず　念《おも》ひつつぞ来し
その山道を

（み吉野の　耳我の嶺に
絶え間なく　雪は降っていく
休み無く　雨は零っていく
その雪の　絶え間無いように
その雨の　休み無いように
曲がり角毎に欠けることなく
ずっと思い沈んでやって来たのだった
その山道を）

陰鬱な印象の歌である。雪が、また雨が間断なく降る吉野の山道を、その雨と雪が間断なく降るように、或ることをずっと「念ひつつ」歩いてきた、その時のことを思い出しているのである。詞書にそう記されているわけではないけれども、古く橘守部《たちばなもりべ》『万葉集檜嬬《ひのつま》手《で》』が「この時の御道すがらの御製とぞきこえたる」と述べて以来、大海人皇子が近江大津宮から吉野へ下る時の気持ちを唱った歌とする説が有力とされてきた。ただ守部はまさに皇子が近江から吉野へ向うその只中でこの歌を詠んだとしたが、近年ではあとから往事を振り返って詠んだものとする見解が通説となっている。

　この歌には、「人間的に痛手を負うた者の悲哀と苦悩」があり、「その声調も、重たげな一歩一歩の足取りをさえひびかせて」（西郷信綱『万葉私記』）いる。「壬申の乱の起る直前の苦しかった思い出を歌ったもの」という新編日本古典文学全集の注釈が的確であろう。

時無くそ　雪は落りける

　ではこの歌は、天武によって壬申の乱後のいつ作られたものか。『万葉集』にはこのあとに、

淑き人の　良しと吉《よ》く見て　好しと言ひし　芳野吉く見よ　良き人　よく見

（昔の淑き人が　良い所だと吉く見て　好いと言った　芳野をよく見よ　今の良き人よ
よく見なさい）

という歌を載せ、そのあとに、

紀に曰く、「八年己卯《つちのとう》五月、庚辰朔甲申、吉野宮に幸す」といふ。

と、天武八年に天皇が吉野宮に行幸されたという『日本書紀』の記事を掲げている。そ

こで、二十五番の御製歌もこのときの作ではないかという説が有力視されている。伊藤博氏の言うようにこの時の「宴の席上で重々しく誦詠された」に違いない。功成り名を遂げた天皇が八年前の最も苦難の時の思いを回想し、吐露した歌ということになる。それにしても、吉野へ向かった道すがら、間断なく降る雨雪のように大海人皇子の脳裏から離れない「念ひ」とは何だったのだろうか。その時、彼は何を「念」っていたのか。具体的なことは明かされていない。しかしこの歌から感じ取られるのは、彼の脳裡に去来した「念ひ」とは、甲か乙かいずれの道を選択すべきかという悩みでは無いように思える。道はひとつしかなく、それを実行するか否かを自問自答していたように思う。

さてこの長歌に私が触れたのは学生時代、西郷信綱氏の『万葉私記』であったが、大海人皇子が壬申の乱前夜の思いを吐露した詩があると知って意外な思いがしたのを覚えている。ただ恥ずかしいことに、私はこの詩を長らく誤解していたことを告白したい。西郷氏の著作をしっかり読んでいないことに起因するのだが、私はこの歌は大海人が天智の崩御した半年後、吉野を脱出し、挙兵をめざして急ぎ伊賀・伊勢に向っていく山中での思いを回想したものだと思っていた。のちになってそれが誤解であり、本当は天智と別れて近江大津宮から吉野へ下がっていく時の心境を詠んだものであることを知った。事実、歌には

「時無くそ　雪は落りける　間無くそ　雨は零りける」とあるから、大海人が近江から吉野へ向った十月にふさわしい（挙兵のため吉野を出たのは六月であった）。

それにしてもなぜ私はそう思ったのか。自分の思い込みを横に置けば、根拠がないわけではない。私は、大海人皇子にとって後々まで忘れられない人生最大の試練は、隠遁していた吉野を出て伊賀・伊勢へ向かった時に違いないと思っていたのだろう。しかし、実際には天武八年、のちにここを訪れた彼が思い出し、感慨にふけったのは、近江から吉野に向う時のほうだった。思うに、半年後に吉野を出た時にはもう彼には覚悟が出来ていたのだ。道はひとつしかなく、それを成功させることだけに専念していた。それよりも、のちになって思い出されるのは失意のうちに近江を去り、吉野へ向ったあの山道だった。天武にとって一番思い悩み、苦難したのはあの時だった。

失意の大海人皇子

想像が過ぎるかもしれないが、このことは壬申の乱の本質にも関わってくるように思う。それは吉野を出たとき大海人皇子にはどれほどの計画性があったのか、という問題だ。彼が一番思い悩んだのは近江から吉野へ行くときであって、八カ月後吉野を出るときにはもう思いは定まり、そして様々な手筈もある程度は整っていたのではないか。もちろん万葉歌をめぐる右の考察だけでそこまで断定することはできないのだが、そんな風に考えられないだろうか。

近江から吉野へ、長い山道を行く皇子の胸に去来したのは、今後のことだけではあるまい。これまでの自らの来し方、中でも決別した兄天智との思い出は胸を離れなかったことであろう。乙巳の変のとき、大海人はまだ十代半ばくらいの少年だった。十八歳の若さにして中臣鎌足と共に強勢を誇った蘇我氏を倒し、新政権を作りあげた兄を、弟は傍らでまぶしく見ていたことであろう。その後の諸改革が為されていく過程で彼も成人し、兄の右腕として支えていく役割を担ったに違いない。やがて周囲から後継者として見られることも増え、自らもそう任じていたとしても不思議は無い。そのようなところへ兄の長男の大友皇子が成人し、早熟の才を露わにし始めた。天智は、息子を太政大臣に任命し、事実上の後継者指名を果たした。次第に兄との間に懸隔が生じていた。新たな左大臣・右大臣が任命され、政権中枢が確定したが、そこに自分の占める位置はないことを知った。

つい二日前の兄との会話も思い起こしていたであろう。思いの外の衰えように兄の死期の近いことも悟ったに違いない。その日が来た時、自分はどうするのか。暗い山道を雨にまた時に雪に打たれながら、思い悩む失意のうちに行く山道であった。

吉野到着

吉野へ到着すると、随行してきた「舎人」らにここで皇子はこう言ったという。

「我、今入道し、修行せんとす。故、修道せむと欲する者は留まれ。若し仕へて名を成さむと欲せし者は、還りて司に仕へよ」。然れども退く者无《な》し。更に舎人を聚《あつ》めて詔すること前の如し。是を以て舎人らの半ばは留まり、半ばは退く。

（「我は、今僧侶となり、修行しようとしている。だから、我と共に修道しようと思う者は留まれ。若し官に仕えて名を成そうと願う者は、都に還って官司に仕えよ」。しかしながら退く者は無かった。皇子はもう一度、舎人を聚めて同じことを述べた。これによって舎人らの半ばは留まり、半ばは退いた）

この一行はどれくらいの人数で吉野へ向っていたのだろうか。八カ月後、吉野を出た折に、そこにいた人々については、『日本書紀』六月二十四日の是日条に以下の記述がある。

この時、最初から従っていた者は、草壁皇子・忍壁皇子《おさかべのみこ》及び舎人朴井連雄君《えのいのむらじおきみ》・県犬養《あがたのいぬかい》連大伴・佐伯連大目《おおめ》・大伴連友国・稚桜部臣五百瀬《わかさくらべのおみいおせ》・書首根摩呂《ふみのおびとねまろ》・書直智徳《ふみのあたえちとこ》・山背直小《やましろのあたえお》林《ばやし》・山背部小田《やましろべのおだ》・安斗《あと》連智徳・調首淡海《つきのおびとおうみ》の一族ら二十有余人と下級の女官十有余人であった。

これに大海人皇子と鸕野《うの》皇女（のちの持統天皇）を併せると、男女四十人近くいたことになる。到着してすぐ舎人等の半数が都へ帰ったとあるのを信じれば、最初は六十人近くいたことになる。四十人足らずに減って以降は、人数は大きく変わっていないだろう。出家していながら、妻である鸕野皇女や「女孺《めのわらわ》十有余人」が従っていたが、その多くは大海人皇子というより鸕野皇女に仕える女性たちであろう。

大海人皇子の妃と子女たち

大海人皇子には後年できた子も含めて、男子は十人、女子は七人、后妃は九人いたことが『日本書紀』からわかる。『日本書紀』は后妃の出自による序列の順で記しており、まず皇后の鸕野皇女、のちの持統天皇（天智天皇の皇女）、次にその同母姉だが天智朝に亡くなった大田皇女、次にこれも天智の皇女の大江皇女、新田部《にいたべ》皇女と天智の娘が続く。次いで中臣鎌足の娘の氷上娘、その妹五百重娘《いおえのいらつめ》、蘇我赤兄の娘大蕤娘《おおぬのいらつめ》。そのあとに「初めに」「娶《めと》」った女性として額田王の名が見え、次いで胸形君徳善《むなかたのきみとくぜん》の娘尼子娘《あまこのいらつめ》、最後に宍人《ししひと》臣大麻呂の娘榖媛娘《かじひめのいらつめ》を記す。

　男子の生まれた順は、高市皇子、草壁皇子、大津皇子、忍壁皇子、磯城《しき》皇子、舎人皇子、長皇子、穂積《ほづみ》皇子、弓削《ゆげ》皇子、新田部皇子と推定されている。子どもの生まれた順から勘案して后妃を結婚した順に推測すると、最初は額田王、次が胸形君徳善の娘尼子娘、その後は、大田皇女、鸕野皇女と来て、次は宍人臣大麻呂の娘榖媛娘、そして新田部皇女、大江皇女、蘇我赤兄の娘大蕤娘、中臣鎌足の娘氷上娘、五百重娘と推測できる。

　后妃をその出自から分類するならば、まず天智の皇女が四人もいることが特筆される。中でもその筆頭の位置にあったのが、のちに皇后となる鸕野皇女であった。同母の姉の大田皇女も大海人の后妃となっており、大津皇子と大伯皇女を産

年齢順	皇子	生母とその出自
1	高市皇子	胸形君徳善の娘、尼子娘
2	草壁皇子	天智天皇の娘、鸕野皇女（持統）
3	大津皇子	天智天皇の娘、大田皇女
4	忍壁皇子	宍人臣大麻呂の娘、榖媛娘
5	磯城皇子	宍人臣大麻呂の娘、榖媛娘
6	舎人皇子	天智天皇の娘、新田部皇女
7	長皇子	天智天皇の娘、大江皇女
8	穂積皇子	蘇我赤兄の娘、大蕤娘
9	弓削皇子	天智天皇の娘、大江皇女
10	新田部皇子	中臣鎌足の娘、五百重娘

天武天皇の皇子たち

んでいたが、不幸にも天智朝に早世している。姉亡きあと、鸕野皇女が大海人皇子の第一夫人的な位置に立ったのは当然でもある。王族では他に額田王がいる。彼女はおそらく大海人が最初に結婚した相手だが、その後に別れたようである。その出自は王族ではあっても、皇女ではなく王を名乗るのであるから傍系の王族であろう。その下に中央の有力豪族――中臣鎌足の娘と蘇我赤兄の娘がいる。最も身分の低いのが中央の中小豪族である宍人臣大麻呂《ししひとのおみおおまろ》の娘櫢媛《かじひめ》娘と、九州の地方豪族の胸形君徳善の娘尼子娘とである。

このうち胸形君徳善の娘尼子娘は、天武の長男高市皇子の母であることから、かなり早い時期（おそらく乙巳の変以前であろう）、大海人自身もまだ有力とはいえない時代に結婚した相手であるとみていいだろう。一方、宍人臣との姻戚関係はもう少しのちのことであり、斉明朝か遅くとも天智の称制の時代に結ばれたものとみられる。

この宍人臣大麻呂の娘櫢媛娘は、他の妃が天智の皇女であったり、中臣や蘇我といった中央の有力豪族の娘であるのと比べるとせいぜい中央の中小豪族といったところで、ひときわ身分が低い。この氏は天武十三年十一月、大三輪君・大春日臣・阿倍臣ら五十一氏とともに朝臣姓を賜っているが、その後、持統朝には名前が残らず、文武朝の慶雲《けいうん》二年九月になって、越前国の郡司として「宍人臣国持」の名が残されているくらいである。この婚姻に政略的な意味を見出すのは難しく、この点でやや異質といえる。にもかかわらず、この妃は男女合わせて四人と、天武の后妃のなかで最も多くの子どもを産んだ。榖媛娘は、当時大海人皇子から最も寵愛された女性と言ってもいいのである。このことを読者は心に留めておいていただきたい。

吉野に随行した妃と子ども

さて九人もいる天武の后妃のうち、大海人と共に吉野へ赴いたことが『日本書紀』に記されているのは、鸕野皇女一人である。彼女の産んだ当時十歳の草壁皇子もそこにいた。ただ皇子ではもうひとり、右に触れた忍壁皇子も共にいたことが記されている。宍人臣大麻呂の娘榖媛娘の産んだ男子である。年齢は正確にはわからぬが、八歳か九歳くらいと見られている。後述するように、長男の高市皇子と大津皇子は近江にいたが、脱出してのちに父と合流した。異母兄二人が近江宮に残った一方で、持統の息子草壁はわかるとして、何故に忍壁皇子は父と共に吉野へ同行することを許されたのか。その背景に何があるだろうか。

私は、ここで彼の母が大海人皇子のお気に入りの榖媛娘であったことを想起したい。忍壁皇子が吉野に来ていたということは、その母榖媛娘も我が子と共に吉野へ同道していた可能性があるのではないか。

『日本書紀』は大海人が吉野を脱出したとき共に従った人々を「草壁皇子・忍壁皇子」と「舎人」が「二十有余人」、そして「女孺十有余人也」と記す。「女孺」とは後宮に仕える下級の女官たちのこと。『令義解《りょうのぎげ》』後宮職員令《こうきゅうしきいんりょう》にこれについて「諸氏、氏別に女を貢ぐ。氏の名に非《あら》ずと雖《いえど》も自ら進仕せんとする者は聴《ゆる》す。是なり」と注釈されている。『令集解』の引用する「古記」には、「女孺とは、采女《うねめ》、氏女《うじめ》、召任等を以て充《あ》てるなり」とある。

采女や氏女とは王権に服属した地方豪族や中央の中小豪族が、その証しに自分の娘を大王に貢上するもので、彼女たちは後宮で天皇や皇后等に仕えた。皇子女を産む者も多い。ただそうなったとしても、皇族出身や有力豪族出身の后妃たちとは、歴然たる身分の違いがあった。大友皇子の母も「伊賀采女」であったが、彼の即位が多くの賛同を得られなかった背景に、出自の弱さがあったことは衆目の一致するところである。いくら大友皇子が天智の長男であったとしても、采女を母に持つというのは大きなハンデであった。

「宍人臣大麻呂の娘」という榖媛娘の出自は、「女孺」というにふさわしい。だから、大海人が吉野を脱出したとき共に従った人々の中に彼女が含まれていたとしても、名前を省かれても不思議はないのである。またそこには『日本書紀』編者たちの忖度もあったかもしれない。

大海人皇子の吉野行きは、仏道修行に励むためのはずであったが、そこに自分だけでなく、もうひとりの寵妃・榖媛娘も同道することを許されていたとするならば、鸕野皇女の内心は実は穏やかでは無かったろうと思う。

天武に愛された忍壁皇子

直木孝次郎氏に「忍壁皇子」という論文がある。忍壁皇子（刑部親王）は、草壁―文武という持統の構想する嫡流を脅かす皇子として警戒され、そのためずっとこの天皇に冷遇されていたと推測するものであった。発表されて数十年が経過し、現在では首肯しがたい論拠もいくつかあるが、おおよその結論は現在でも有効性を失っていないと私は考えている。

忍壁皇子は、持統には嫌われていたが、父天武には可愛がられた子であった。『日本書紀』天武三年八月、忍壁皇子は石上《いそのかみ》神宮に派遣される。

忍壁皇子を石上神宮に遣《つかわ》す。膏油《こうゆ》を以て神宝を瑩《みが》く。即日、勅して曰く、「元来諸家の神府に貯へし宝物、今、皆その子孫に還せ」。

（忍壁皇子を石上神宮に派遣し、膏油で神宝を瑩かせた。その日に勅して曰く、「元から諸家が神府に貯蔵してきた宝物を、今皆その子孫に還せ」）

石上神宮に保管されている諸豪族が献上した武器や宝物をそれぞれに返還する、という重要な役割に任じられているのである。通説ではこのとき皇子は十一歳前後ということになるが、これでは年少すぎるのではないか、と直木氏は言う。確かにこの年齢では実質的な差配を行なうことは無論難しいけれども、そうしたことはしかるべき後見役の人物を付して託したとすれば、決して不可能なことではないであろう。忍壁皇子に与えられたこの任務は、あくまで天皇の名代としての儀礼的な役割とみるべきであろう。それでもこの重要な大任を任せられたところに、当時の天武の少年忍壁皇子に対する特別な思い入れを見る思いがする。

母の家柄は低いにもかかわらず、忍壁皇子が父天武から特に愛され、期待された皇子であったことを示すのが、天武十年（六八一年）三月に「帝紀及び上古の諸事」の「記定」事業のメンバーに選ばれたことである。『日本書紀』天武天皇十年三月条にこうある。

天皇、大極殿に御して、川嶋皇子・忍壁皇子・広瀬王・竹田王・桑田王・三野王・大《だい》

錦下《きんげ》上毛野《かみつけの》君《きみ》三千《みちぢ》・小錦中《しょうきんちゅう》忌部《いんべ》連首・小錦下《しょうきんげ》阿曇連《あずみのむらじ》稲敷《いなしき》・難波連大形《おおかた》・大山上《だいせんじょう》中臣連大嶋・大山下《だいせんげ》平群《へぐり》臣《おみ》子首《こびと》に詔して、帝紀及び上古の諸事を記定せしむ。大嶋・子首、親ら筆を執りて以て録す。

（天皇は、大極殿にお出ましになって、川嶋皇子・忍壁皇子・広瀬王・竹田王・桑田王・三野王・大錦下上毛野君三千・小錦中忌部連首・小錦下阿曇連稲敷・難波連大形・大山上中臣連大嶋・大山下平群臣子首に詔して、帝紀及び上古の諸事を記定させられた。大嶋と子首が、親ら筆を執って記録した）

その後の『日本書紀』編纂につながる歴史書編纂事業の始まりはここにあるとされるが、この事業を統括する役割を、天智の遺児川島皇子とともに天武の皇子としては唯一人忍壁皇子は託されているのである。

その後も天武の最晩年に至るまで忍壁皇子の名は『日本書紀』にたびたび登場する。そこには忍壁本人だけではなく、その母櫢媛娘への寵愛も含まれていたであろう。しかしそれが直木氏の言う通り、持統朝になると忽然と見えなくなる。

持統に疎まれた忍壁皇子

忍壁皇子が、持統朝に冷遇されていたことを最も如実に示すのは、彼の位階が、持統朝前後の十四年間全く昇進していないことである。天武十四年正月、四十八階制の新冠位が諸々の王族・豪族たち官人に与えられた。

草壁皇子尊に浄広壱《じょうこういち》位を授け、大津皇子に浄大弐《じょうだいに》位を授け、高市皇子に浄広弐《じょうこうに》位を授け、川嶋皇子・忍壁皇子に浄大参《じょうだいさん》位を授く。

その後、高市皇子は太政大臣となったのちの持統七年正月、「浄広壱」に昇格し、かつての草壁皇子の位階に追い付く。同時に長皇子と弓削皇子は、「浄広弐」になる。この二皇子の母は天智天皇皇女の大江皇女なので、豪族出身の母を持つ兄弟より優遇されているようにみえる。そしてこれにより、忍壁皇子は弟二人に位階では追い越されてしまった。

同九年正月、舎人皇子に「浄広弐」が与えられた。

『続日本紀』に入って文武天皇四年正月、新田部皇子に「浄広弐」が与えられた。

そして同じ年、大宝律令《たいほうりつりょう》完成の記事がみえるが、ここに、

浄大参刑部親王

とある（刑部親王＝忍壁皇子）。大宝令の施行により、新官位に切り替わると、刑部親王

は、「三品」となるが、その後も昇進はなく、大宝二年十一月、異母弟の穂積親王が「二品」なのに対して、刑部親王は依然として「三品」のままであった。それでも翌年正月、「知太政官事《ちだいじょうかんじ》」に任じられるが、位階は変わっていない。慶雲元年の段階で、

　二品長親王・舎人親王・穂積親王、三品刑部親王、封各二百戸を益す。三品新田部親王・四品志紀親王には各百戸。

とある。新田部親王は天武の末子でありまだ若いためか、「三品」に留まっているが、天武の皇子の中ではこの時点で最年長のはずの刑部親王（忍壁皇子）が、ずっと年少の弟の長親王・舎人親王・穂積親王に抜かれているのは異様である。刑部親王は、持統が孫文武に譲位したあと、大宝律令の完成したころから再び重要な職務を任されるようになるけれども、不思議なことに位階は結局亡くなるまでずっと「三品」のままであった。

　その同母弟の磯城皇子はどうであろう。『新撰姓氏録』に、彼の後裔を称する三園真人・笠原真人・清春真人が掲載されており、このうち三園真人の項には、

　三園真人　出自諡天武皇子浄広壱磯城親王之後也。

とある。「浄広壱」とは大宝律令施行以前の冠位であり、ということは、この皇子は大宝律令施行以前、持統朝から文武朝の始めころに亡くなった可能性が高い。「浄広壱」は

大宝令の位階では「四品」に相当しており、天武の皇子にしては、忍壁皇子（刑部親王）同様にいささか低いといわざるをえない。しかも磯城皇子に関しては、直木孝次郎氏が慧眼にも指摘されているように「天武の皇子は十人であるが、死没年次のわからないのは磯城だけである」。『日本書紀』や『続日本紀』はこの皇子に冷淡なのだ。

このように、父天武から将来を期待され、若くして尊重されていたようにみえる忍壁皇子は、持統朝になると一転して冷遇されたのであった。その同母弟の磯城皇子もそうであった。しかも不思議なことに持統朝から文武朝に至ると復権してくるのである。文武四年に大宝律令撰定の総裁に任命され、持統崩御直後の大宝三年正月には前述のように「知太政官事」に任命された。直木氏の推測されるように、忍壁皇子は特に持統天皇に忌避されていたように見える。

その理由を直木氏はこう見る。息子草壁皇子が夭折して以来、その遺児である軽皇子の将来の即位を目論むようになった持統にとって、その強力なライバルとして警戒したのが天武の長男高市皇子と今や年齢ではその次になる忍壁皇子であった。ただ持統は高市皇子とは妥協を図り、彼を太政大臣に据えて政権の重要な主柱としたが、忍壁皇子に対しては「これを忌避して、持統の即位前後に宮廷外に追放したのではなかろうか」というのである。これは確かにその通りなのだが、これだけでは動機としては十分とは言えないだろう。ここまで述べてきたように、このこと以外にもこの同母兄弟が持統に忌避された理由はあったと私はみている。

なぜ持統に嫌われたのか

それは、持統に忍壁皇子と磯城皇子の母、檝媛娘への嫉妬の情があったのではないかということだ。身分は最も低いにも拘わらず檝媛娘は天武から当時最も愛され、最も多くの子を生《な》した。出家隠遁しようとする大海人が吉野へ赴いた時、檝媛娘とその息子忍壁皇子も同道を許された。そのことが持統にはずっと許せなかったのだろう。この母子への積年の嫉妬、憤懣の情が持統にはあったのではないかと私は思う。

考えてみれば、持統という人はその後、天武の崩御の直後、息子草壁皇子の即位のためにライバルとなる大津皇子を謀略に陥れ、殺した人物である。またその草壁皇子が立太子しながら、結局病弱なため即位できないまま夭折したあと、自らが中継ぎに即位し、そのあとには草壁の遺児で自分には孫にあたる軽皇子に当時最年少の十五歳の時に生前譲位した人でもある。絶対に皇統を天武と自分の間に生まれた子孫で継承させる——他の天武の皇子の系統に皇位を回さない——という強固な意志があった。先に述べたように天武には十人の后妃がいて、十人の皇子がいたが、自分以外の后妃、自分の産んだ草壁皇子以外の皇子には権力を持たせないという固い意志があったのだ。

そもそも持統というひとは、夫大海人皇子と吉野へ同道して以来、夫同様二度と近江には帰らなかった。その二カ月余りのち、父天智天皇が崩御した時も、ついに彼女は見舞いには行かなかったし、崩御のあとも弔問にも訪れなかった。

古代史に造詣の深い作家田辺聖子氏は、持統の決断についてこのように語る（角川書店編『日本史探訪3　律令体制と歌びとたち』一九八四年）。

「父をとるか夫をとるかという、ものすごいジレンマでしょうね。お父さんの天智天皇は、この時大津京で病に臥しているわけでしょう。四十六歳、崩御する一カ月半前です。しかし、やっぱり夫のほうについたという、そこに持統女帝の、並みの女性でない資質を感じますね。

それは単に大海人皇子と若い時からいっしょにいたからというのではなくて、そういう愛を超えた彼女なりの計算が働いていたと思います。やはり小さい時から、身の回りで冷厳な政治の現場を幾つも見てきた、その中で鍛え上げられてきた彼女の資質でしょうね」

練達の作家の慧眼であると思う。

天智の皇后・倭姫

天智天皇には、『日本書紀』による限り九人の后妃がいた。記載順に挙げていくと、筆頭が先にも触れた倭姫王で、皇后であった。彼女は、古人大兄皇子の娘、舒明天皇の孫にあたる。古人大兄皇子といえば、乙巳の変で殺害された蘇我蝦夷・入鹿が擁立を図った当時最も有力な皇位継承候補者であった。しかし後ろ盾であった蝦夷と入鹿が滅んだために失脚し、出家して吉野へ隠遁した。しかしそれからわずか三カ月後の九月に、謀反を企てたとして官軍の襲撃を受けて滅んだ。『日本書紀』は「或本云」として以下のように伝える。

十一月甲午三十日、中大兄、阿倍渠曾倍《こそへ》臣・佐伯部子麻呂二人をして、兵四十人を将ひて、古人大兄を攻め、古人大兄と子とを斬る。その妃妾、自ら経《わな》きて死せり。

（十一月甲午三十日、中大兄は、阿倍渠曾倍臣・佐伯部子麻呂二人に命じて、兵四十人を率いて古人大兄を攻撃して、古人大兄とその子とを斬らせた。その妃妾は、自ら首を

くくって死んだという）

出家剃髪した古人大兄は、「妃妾」と「子」とを伴い吉野へ下っていた。総勢何人くらいだっただろうか。彼らを襲撃した官軍は、「阿倍渠曾倍臣・佐伯部子麻呂」を始めとする「将兵四十人」だったことは参考になるだろう。この程度の人数で十分と察知して送り込んでいるのだから、古人大兄側の人数は多くとも二十人くらいしかいなかったのではなかろうか。この人数で謀反が起こせるのか、甚だ怪しい。

そこにいた「子」は「斬」られ、「妃妾」は「自ら経死」した。倭姫はこの惨劇の折、どこにいて何をしていたのだろう。中大兄はこの時二十歳。結婚していてもおかしくない年齢ではある。「子」は「斬られ」たとあることからすると、既に倭姫は結婚していたのではないだろうか。

いずれにせよ、彼女は自らの一族を根絶やしにされてしまったのである。先にも述べたが、吉野行きからたった三カ月から五カ月で、どこまで謀反の計画が立てられるのか。古来囁かれているようにこの事件は冤罪の疑いが濃いであろう。冤罪で父を失った彼女の心情を記録するものは何も残っていない。皇后は、夫を恨んだであろうか。ただ、この夫婦には子どもはなかったものの、決して愛情のない関係ではなかった。このことはのちに触れよう。

天智の九人の后妃たちと皇子女

天智の后妃として次に記されているのが蘇我倉山田石川麻呂の娘、遠智娘《おちのいらつめ》で、この人は大田皇女・鸕野皇女・建皇子の三人を産んだ。遠智娘の妹も天智に嫁ぎ、二人の娘を産んだ。この妃の名は姪娘。生まれた二人の皇女とは御名部《みなべ》皇女と阿陪皇女（のちの元明天皇）である。次に大臣阿倍倉梯麻呂《あへのくらはしのまろ》の娘、橘娘を記す。この妃は飛鳥皇女と新田部皇女を産んだ。次に記されるのが蘇我赤兄の娘、常陸娘で、この人は山辺皇女を産んだ。以下には「宮人」という中小豪族出身の后妃が四人記される。まず忍海造《おしぬみのみやつこ》小龍《おたつ》の娘の色夫古《しこぶこ》娘《いらつめ》で、川島皇子とその他二人の皇女を産んだ。次が栗隈首徳万の娘の黒媛娘《くろひめのいらつめ》で、水主《もいとり》皇女を産んだ。次が越道君《こしのみちのきみ》伊羅都売《いらつめ》で施基《しき》皇子を産んだ。最後に記されるのが伊賀采女宅子《やかこの》娘《いらつめ》で、この人は伊賀皇子、のちの大友皇子を産んだとある。

皇后倭姫王…古人大兄皇子の子

遠智娘…蘇我倉山田石川麻呂の子〔大田皇女（天武妃）・鸕野皇女（天武妃・持統天皇）・建皇子〕

姪娘…蘇我倉山田石川麻呂の子〔御名部皇女（高市皇子妃・長屋王の母）・阿陪皇女（草壁皇子妃・元明天皇）〕

橘娘…阿倍倉梯麻呂の子〔飛鳥皇女・新田部皇女（天武妃）〕

常陸娘…蘇我赤兄の子〔山辺皇女（大津皇子妃）〕

色夫古娘…忍海造小龍の子〔大江皇女（天武妃）・川島皇子・泉皇女〕

黒媛娘…栗隈首徳万の子〔水主皇女〕

越道君伊羅都売〔施基皇子（光仁天皇の父）〕

伊賀采女宅子娘〔伊賀皇子のちの大友皇子〕

后妃は全部で九人、生まれた子は男子が四人、女子が十人。第一子はおそらく遠智娘の産んだ大田皇女、次が鸕野皇女で、おおよそ乙巳の変の直前（六四四〜六四五年）に生まれたのであろう。建皇子は斉明四年（六五八年）に八歳で早世したとあるから、生まれたのは六五一年である。大友皇子は『懐風藻』に亡くなった時、二十五歳だったとあるから、大化四年（六四八年）生まれとわかる。のちに元明天皇となる阿陪皇女は、養老五年（七二一年）に六十一歳で亡くなったから、生まれたのは斉明七年（六六一年）、のちに夫となる草壁皇子とはほぼ同年になる。川島皇子は、持統五年（六九一年）に亡くなったが、

『懐風藻』にはこの時三十五歳だったとあるから、六五七年の生まれであろう。
わかる範囲内で天智の皇子女を生まれた順にまとめると、

大田皇女（六四四年くらい？）
鸕野皇女（六四五年くらい？）
大友皇子（六四八年）
建皇子（六五一年）
川島皇子（六五七年）
阿陪皇女（六六一年）

となる。

天智の後継者問題がスムーズに解決しなかったのは、皇后であった倭姫王との間に子がなかったこと、また有力豪族である蘇我氏出身の后妃二人との間に女子は四人いたものの、男子は建皇子一人で八歳で亡くなってしまったこと。成年まで生きた長男大友皇子は伊賀采女が母で、家柄が低かったこと。残る川島皇子も施基皇子もまだ幼年で、母の出自が有力ではなかったことが大きい。

蘇我倉山田石川麻呂の娘、蘇我造媛

天智の后妃としてもう一人の存在が『日本書紀』に記されている。大化五年三月条に見える、蘇我倉山田石川麻呂の娘、蘇我造媛《みやつこひめ》である。蘇我倉山田石川麻呂の娘で天智妃というと、持統の母遠智娘と元明の母姪娘の二人の名が「天智紀」に記されているが、それ以外にもう一人いたというのである。彼女たちの父蘇我倉山田石川麻呂は、大化改新政権で右大臣を務めた実力者であったが、謀反の罪で邸宅を囲まれ、自尽して一族もろとも滅びた。残された天智妃の造媛は、傷心が癒えることなく亡くなってしまう。

造媛、遂に傷心によりて、死に致れり。

（造媛は遂に傷心によって、死に到った）

この報せを聞いた天智もまた深く悲しんだという。

皇太子、造媛、徂逝《みう》せぬと聞きて、愴《い》然傷怛《た》み、哀泣すること極甚し。

（皇太子は、造媛が亡くなったと聞いて嘆き悲しみ、哀泣すること甚だしかった）

この蘇我造媛について、実は持統の母の遠智娘と同一人物だとする見解がある。その根拠は、彼女の別名にある。「天智紀」七年二月条には持統の母について、

蘇我倉山田石川麻呂の大臣の女、遠智娘と曰ふ。〔或本に云はく、美濃津子娘《みのつこのいらつめ》〕

とあって、「美濃津子娘」という別名が記載されている。日本古典文学大系『日本書紀』下の頭注は、「造（ミヤツコ）→御（美）野津子→美濃津子と、宛てた字が変ったか」と記す。初めは「御野（ミヤ）ツコ」と読んでいたのが、いつからか「野」の字を「ノ」と読むようになって「ミノツコ」と読まれるようになり、これに伴って「御野」を「美濃」と表記するようになったのではないか、というのである。

しかしこれには従えない。「野」の字は音読みすれば「ヤ」だが、『記・紀』以前のかなり早い時期から、訓読みで「ノ」と読まれてきた。遅くとも天智朝（天智四年・六六五年＝乙丑年）の飛鳥石神遺跡木簡には既に「三野国ム下評大山五十戸」（美濃国武儀《むぎ》郡大山郷）（奈良文化財研究所編『評制下荷札木簡集成』二〇〇六年）という表記がされているのが確認できる。当時の使用例からすれば、「ヤ」の音はむしろ「夜」や「移」、或いは「屋」で表記したであろう。「ミヤツコ」を「御野ツコ」とか「三野ツコ」などと表記したとは考えにくいのである。

何より遠智娘が蘇我造媛とは別人であることを示すのは、蘇我倉山田石川麻呂の滅亡事件の二年後、彼女が男子を出産している事実である。白雉二年に生まれた建皇子だ。これは父の非業の死を悲しむあまり、あとを追うように亡くなったという蘇我造媛の記述と明らかに矛盾する。

しかし青木和夫氏はこれについて以下のように述べる。

「事件後、まもなく亡くなったかのような書きかたですが、事件の翌々年（六五一）には、建皇子という持統の弟が生まれていますので、おそらく造媛は歎き続けて建皇子出産後、まもなく世を去ったのでしょう」

直木孝次郎氏も同じである。

「遠智娘は、白雉二年（六五一）に建皇子を生んでおり、変の直後に死んだことにはならないが、建皇子を生んで間もなく没したとすれば、『書紀』の記載とそれほど矛盾はしない。造媛を遠智娘の別名とするのが穏当であろう」

このように解釈して矛盾する所伝を両方生かそうとするのだが、如何であろう。これは近年の森公章『天智天皇』、瀧浪貞子『持統天皇』などに至るまで、ほぼすべての研究に疑問なく踏襲されているが、かなり苦しい解釈ではないかと私は思う。『日本書紀』の記述はどう読んでも父の死のあと、傷心のあまり時を置かず亡くなったとしか読めないもので、これを出産を経たのち、事件の二年後に亡くなったというのは、かなり無理があると私は考える。

造媛は持統の母ではない

　こうしたことからすると、大化五年に亡くなった蘇我造媛と、持統、大田皇女や建皇子の母親の遠智娘（美濃津子娘）とは別人であって、遠智娘はその後も長く健在であったはずである。もうひとつその傍証を挙げておこう。先に八歳で亡くなった孫の建皇子について、祖母斉明天皇は我が陵に合葬せよ、と命じ、その同母姉で天智朝に亡くなった大田皇女もまた斉明天皇陵の前に葬られたことに言及した。早世した孫二人はいずれも祖母である斉明の御陵に合葬されたのである。どういうわけか母親とではなく、祖母と合葬されたのだった。

　もし母親が既に亡くなっていたのなら、母親の墓に合葬されるのが普通であろう。そうではないということは、この時点でまだこの姉弟の母親が生きていたことを示していると思う。

　そもそも『日本書紀』大化五年三月条に記される蘇我倉山田石川麻呂の謀反（冤罪）事件の伝承自体が、ずいぶんと蘇我氏（蘇我倉山田氏）のために脚色されたもののように見える。ここでは石川麻呂の謀反が讒言《ざんげん》による冤罪であり、にもかかわらず彼は一言の恨み言も述べず従容と自殺する。そして傷心の末に亡くなった妃を天智は偲び、悲しむ。石川麻呂の潔白と忠誠を強調するこの伝承が『日本書紀』に採用されているのは、持統天皇と元明天皇が石川麻呂の外孫にあたることと無縁ではないだろう。

　これら一連の物語について家永三郎氏は、「おそらくこの一節は、事件の終った後に山田寺から石川麻呂の冤罪を訴える解《げ》が、石川麻呂の女であり、皇太子の妃である造媛かあるいは他の妃かを経て朝廷に提出され、その解文を原文どおり書写した記録が作製され、それが書紀の原史料として採用されたのではあるまいか」と推測している。日野昭氏はこれを受けて『日本書紀』編修以前にそのような蘇我＝石川氏の「忠誠譚」のような「家伝」がまとめられていて、それが『日本書紀』に利用されたのであろうと推定している。

　とりわけ蘇我造媛が傷心のあまり亡くなり、これを知った中大兄が嘆くのを見た「野中《のなかの》川原史満《かわらのふひとみつ》」が皇子に代わって亡き妃を偲ぶ歌二首を作って献上し、「善きかも、悲しきかも」とのお褒めの言葉と琴や絹・布・綿などの褒美を賜る伝承などは、蘇我＝石川氏とともに「野中川原史満」の氏族伝承が元になっているようにも見える。

　これらからすると、蘇我倉山田石川麻呂の謀反事件自体はもちろん史実に基づく伝承と言えても、造媛の死を伝える後半の伝承などは多分に物語化されたもので、その信憑性は疑わしいのではないかと見られるのである。同じ『日本書紀』の記事ではあっても、天智七年二月条の天智の后妃と皇子・皇女を列記した実録的な記事とは、信憑性に大きな差があると見るのが正しいであろう。

これらからしても、蘇我造媛と持統の母遠智娘を同一人物とみることは難しいと思うのである。では持統の母はいつ亡くなったのか。またどのような人物だったのか。のちに改めて考えたい。

第五章　天智を悼む女たちの挽歌——倭姫皇后と額田王

万葉歌人・額田王

古来、壬申の乱の原因を額田王《ぬかたのおおきみ》をめぐる天智と大海人皇子の三角関係の愛憎——始め大海人皇子の妻だった額田王を、のちに天智が奪った——に求める説がある。額田王は、初期万葉を代表する女性歌人として名高く、『万葉集』に十三首の名歌を残す。しかし詳しい経歴は『万葉集』にも『日本書紀』にも記されておらず、生没年も不明である。もとは斉明天皇のもとでその代作者として実績を積み、宮廷歌人として認められたのが始まりであろうとされている。のちに詳しく述べるが、最初、彼女は大海人皇子と婚姻関係を結び、この間に十市皇女を産む。しかしその後、大海人とは別れ、天智天皇（中大兄）の恋人となったと考えられている。この時代を代表する傑出した女性歌人額田王を、天智天皇と大海人皇子兄弟が愛し、この間に確執があったのではないか。それが壬申の乱の原因ではないのか。

最初にそう述べたのは、江戸時代の代表的な国学者伴信友《ばんのぶとも》『長等の山風』で、以来長く通説とされてきた。この説には、『万葉集』の額田王や天智天皇の歌の解釈にその根拠が求められてきた。近年は、この説を支持する研究者はほとんどいなくなったが、それはこれらの歌の解釈について、学界の趨勢が大きく変化したからでもある。

額田王は、先にも見たように『日本書紀』天武二年二月条に、

天皇、初め鏡王の女、額田姫王を娶って十市皇女を生む。

とあって、大海人皇子の最初の妻であり、十市皇女を生んだことが記されている。『日本書紀』に名前がみえるのはこの一カ所だけである。それが、なぜのちに大海人皇子と別れて天智天皇の后妃になったと考えられているかというと、以下の『万葉集』の歌による。

ひとつは、巻第四の四百八十八番の歌。

額田王、近江天皇を思ひて作る歌一首

君待つと　我が恋ひ居れば　我が屋戸の　簾《すだれ》動かし　秋の風吹く

（額田王が、天智天皇をお慕いして作った歌一首

君のお出ましを待って　私が恋い慕っておりますと　我が家の戸のすだれを動かして
秋の風が吹いております）

による。この歌が、額田王が天智天皇を「お慕いもうして詠まれた」（斎藤茂吉『万葉秀歌』）ものであることは言うまでもない。

ふたつめは、巻第一の中大兄作の十三番の長歌、

香具山《かぐやま》は　畝傍《うねび》雄《を》男《お》しと　耳梨《みみなし》と　相争ひき　神代より　かくにあるらし　古《いにしえ》も　然《しか》にあれこそ　うつせみも　妻をあらそふらしき

（香具山は　畝傍山を雄々しいと思って　耳梨山と　相争った　神代より　このようなことがあるらしい　古えも　そうであったからこそ　現代でも　男が妻を争うのだろう）

による。この長歌は古来いくつかの解釈があって定まらないが、古くより有名な大和三山（天の香久山・畝傍山・耳成山〈耳梨山〉）を人間の男女になずらえ、この間に恋愛をめぐる争いがあったように表現していることは疑いない。解釈が分かれるのは、この三山それぞれを男女いずれになずらえ、どれとどれとが争ったのか、である。

(A)女である香具山が、畝傍山を雄々しいと思い、それ以前から親しくて香具山に思いを

寄せていた耳成山と諍いをした、とする説、(B)男である香具山が女である畝傍山を惜しいと思い、男である耳成山と争ったとする説、(C)女である香具山が男である畝傍山を雄々しいとして女である耳成山と争ったとする説がある。このうち(A)・(B)説では、いずれも後半の「うつせみも　妻をあらそふらしき」を「今の世の人も妻を奪い合うらしい」と解し、作者である天智自身が弟大海人皇子と額田王をめぐって対立したことを述懐しているのだと解釈するのである。

あかねさす　紫草野行き

三つ目は、有名な巻第一の二十番と二十一番の歌。

　天皇、蒲生野に遊猟する時に額田王の作る歌

あかねさす　紫草野《むらさきの》行き　標野《しめの》行き　野守《のもり》は見ずや　君が袖振る

　皇太子の答ふる御歌。明日香宮に御宇《あめのしたしらしめしし》天皇、謚《おくりな》天武天皇と曰ふ。

紫草《むらさき》の　にほへる妹を　にくくあらば　人妻故に　我恋ひめやも

紀に曰く、天皇七年丁卯夏五月五日、蒲生野に縦猟《みかり》す。時に、大皇弟、諸王内臣及び群臣、皆悉く従ふと。

（天皇、蒲生野に遊猟する時に額田王の作る歌
あかねさす　紫草野を行き　標野を行って　野守が見ているのではありませんか　あなたが私に袖を振るのを
皇太子の答える御歌。明日香宮に天の下を治められた天皇、天武天皇と曰う。
紫草のように　におえるあなたを　憎く思っていたら　人妻と知りながら　私は恋をするでしょうか（しませんよ）
『日本書紀』に曰く、天皇七年丁卯夏五月五日、近江国蒲生野で縦猟をされた。この時、大海人皇子、諸王、内臣中臣鎌足や群臣たち皆悉くが従ったという）

五月五日の「縦猟」とは鹿と薬草を得るための猟で、特に鹿は毎年春に生え替わる新しい角を薬用に利用したのだという。中国の古い習俗が日本に伝来したもので、宮中行事として盛大に行なわれた。「着飾った女性も交えた諸王臣が野外行楽し、くつろぐ日でもあった」（新編日本古典文学全集注）。このときの歌だという。

「あかねさす」は、紫の枕詞。「紫野」は紫草の農園、「標野《しめの》」は一般に立ち入りの禁じられた丘陵地。「しめ」とは、神あるいは人に「占有された」という意味で、縄などで実際に囲ってあったらしい。「野守」はこの「標野」を見張る番人である。

天皇や王族、貴族たちが散り散りになって散策気分で獲物を探しているところ、額田王を遠くから見つけた大海人皇子が大きく手を振って声をかけようとしたのである。額田王は視界に野守が居るのを見つけて恥じらい、或いは危ぶみ、気づかぬ風を装おうとしたのだった。喜びながらも、その派手なふるまいを咎《とが》めるような口ぶりがうかがえる。

これに対する大海人皇子の答歌はこうだ。紫草のように匂うあなたをもし憎く思うなら、どうして人妻であると知りながら恋することがありましょうや。人妻であってもあなたを恋すると直截に表現するのである。これは、今は人の妻となったかつての妻に対して、あらためて求愛した内容とも受け取れよう。額田王もそれを憎からず思っているようにみえる。

額田王と中大兄・大海人の関係

主要な根拠とされるのは、この三首である。しかし近年はこれらの歌の解釈もかつてとは随分異なってきている。

まず一首目の「君待つと　我が恋ひ居れば……」の歌は、近年では本当に額田王の詠んだ歌かどうか、怪しむ声が多い。後の人が彼女に仮託して創作した歌ではないかというのである。これは、「王朝閨怨の情緒にも似たみやびな歌風は万葉集、それもその初期の物とはとうてい思えない」（伊藤博）という歌の趣きからの根拠である。また、額田王の歌は多く巻第一と第二――いわゆる「持統万葉」・「元明万葉」――に収載されているのに、この歌が収められているのは巻第四で、この巻は時期的に少し降る天平十五、十六年（七四三、七四四年）ころにまとめられたと言われているのも、仮託説の根拠である。

第二の大和三山の妻を争う歌については、天智天皇の御製であることは認めても、特に彼が自らの境遇と似ていることを述懐したものとはいえない、という見解も多い。確かにうがち過ぎではないかと言われれば否定できないように思える。「うつせみも　妻をあらそふらしき」は別に自分のことを言ったのではなく、当時の世間一般のことを述べたものとみて特に不都合を感じない。解釈が難しいところではある。

宴席の座興説

第三の「あかねさす　紫草野行き……」の大海人皇子との歌のやりとりは、池田弥三郎・山本健吉の説以来、本気で恋愛感情を吐露したものではなく、遊猟のあとの宴の席で座を盛り上げるために戯れに詠まれたものだというのが、通説となった。大海人のもとを離れて今は天智の側にいた額田王が、天智の見ている前で袖を振るような恋愛の意思表示をした大海人に対し、これを咎めたのが彼女の歌で、これに対し、大海人が、

「紫草のように派手派手しいわが愛人よ、たとえお前が人妻だって、なんで焦がれずにおられようか」

と詠った。これはしかし「深刻なやりとりではない」というのだ。

「おそらく宴会の乱酔に天武が武骨な舞を舞った、その袖の振り方を恋愛の意思表示とみたてて、才女の額田王がからかいかけた。どう少なく見積ってもこの時すでに四十歳になろうとしている額田王に対して、天武もさるもの、『にほへる妹』としっぺ返しをしたのである」

と池田氏は解釈する。あくまでこれは「宴席の座興であり、あけひろげた気持ちでの戯れなのである。四十女の場慣れした気持ちがそんな冗談を言わせるのである」と述べる。

現在ではこの説は通説といっていいほどの支持を得ているが、近年ではまた一部に疑問も寄せられている。直木孝次郎氏は、基本的にはこの「座興」説に与《くみ》しながらも、この説は「男女を平等にあつかっているかというと、疑問を感ぜざるをえない」とし、「座興といっても、四十近くなった女性の容貌の衰えを笑いのたねにして、袋だたきにしているの

ではないか。それはあまり上品な笑いではない」と批判する。

人妻故に　我恋ひめやも

たしかに『万葉集』には中年以上の男女の愛情を詠った歌も珍しくない。大海人皇子が額田王をからかった、という解釈には偏見が混じっていないか、と私も疑う。狩りのあとの宴席で歌ったのはその通りではあるが、単なる「座興」というのはどうであろうか。もちろん天智・大海人皇子兄弟の額田王をめぐっての三角関係が壬申の乱の原因だという説は、もう克服された説といっていい。これを前提とした上で、この歌から少なくとも言えるのは何であろう。

かつて大海人皇子の妻であった額田王が、今では「人妻」＝他人の妻であること、にもかかわらず今でも「恋ひめやも（恋しています）」と大海人皇子が告白していたこと。それは宴席の場であったろうから、決して二人きりの告白ではない。天智を始め多くの人々の前での言葉である。またこれだけでは額田王は人妻といっても誰の妻だったのかはわからないともいえるだろう。近年は額田王が当時天智の妻だったことに疑問を呈する論者も多い。

しかし天皇も着座していたこの宴席の場で、皇子たる大海人皇子が「人妻」と呼びかける相手とは、考えてみれば兄たる天皇の妻以外にないのではないか。この場で詠まれる歌はすべてどこかで天皇と関わるものだったに違いないからである。不審なのは、これを受けての天皇の歌がないことである。池田・山本説のように、本当に座興のみで詠まれた歌であれば、このやり取りを受けての天智天皇の歌もあってもいいのではないか。ここで天皇が悠揚としてこの挑発を受け止めて機知に富む返しを披露してこそ、笑いも増幅され、座もさらに盛り上がるのではないか。

大海人の挑発か

私はこの時、上座にいた天智がどのような顔をしていたか、知りたく思う。彼は無言だった。あまり面白くない顔をしていたのではないか。

考えてみると、大海人皇子という人は天智の朝廷において、他にも場を凍り付かせるような言動をした例がある。先にもみた『藤氏家伝』の所伝。

> 帝、群臣を召して浜楼に置酒す。酒、酣《たけなわ》にして歓、極《きわ》む。是に於《お》いて大皇弟、長き槍を以て敷板を刺し貫く。帝、驚きて大いに怒り、以て将《まさ》に執《と》らえて害さんとす。

宴たけなわの最中に激烈な感情を表に出すような大胆不敵なふるまいをしたのは、いささか投げやりな思いに陥っていたのでもあろうが、これくらいのことで自分は兄から罰せられないというこれまでの実績から来る自信もあったのかもしれない。それでもかなり危険な向こう見ずな振る舞いであった。彼にはこういうところがあったのだ。

こうした性格は、その後、病床の天智を最後に見舞った時に、蘇賀安麻侶から「有意ひて言へ（用心して答えなされ）」と忠告されていることからもうかがえる。兄の御前でしばしば大胆不敵な発言をする皇子に、周囲は冷や汗をかいていた。それゆえの忠告だったのだろう。

遊猟での振る舞い、その後の宴席での歌のやり取りにも、そうした一種傲岸不遜なところが顔を覗かせているように私は思える。兄の驚くさま、怒るさまをあえて引き出している（挑発しているのかもしれぬ）ようにも見える。試していたともいえるだろう。

この歌のやり取りは単なる宴席の座興とは思われないのであって、一見そのような装いを凝らしながらも、その奥にはやはりこの兄弟の確執が秘められているように私には思われる。

額田王の人物像

直木孝次郎氏は、額田王は決して弱々しい女性ではないとする。かつての「天智の権勢のために、愛する大海人と別れて泣く泣く天智の後宮にはいった悲恋の女」といったイメージを否定する。氏によれば、額田王は「若いころは大海人を立派な男と考えて愛情をもち、結婚して十市皇女を生んだが、年を重ねるうちに中大兄のすぐれていることを知り、愛を大海人から中大兄に移した、換言すればえらびとったのではなかろうか」、「みずから天智をえらびとり、近江朝廷で誇り高く生きている」女性である。

たしかに額田王はあれほどの堂々たる歌を詠んだ大詩人である。決して意志が弱く、男性に流され、悲恋に泣くような女性ではない。そうでなければ、天智と天武、二人の英傑に愛されるはずがないではないか。中年になってさらに魅力を増した女性だったに違いないと私も思う。

女性で初めて『万葉集』の全注釈を完成させた国文学者阿蘇瑞枝氏が示すのも、そうした額田王像だ。

「彼女は宮廷内の複雑な人間関係なぞ知らぬかのように、自由に伸び伸びとふるまい、大胆な言葉遣いで、かつての夫、大海人皇子に歌いかけている。宮廷内における自分の立場からくる自信をバックに、ほどよい挑発さえも見せている」

対する大海人皇子のほうも「一歩踏み込んで人妻への恋と己の行為を表現」し、「かつての自分の妻をいま我が物としている兄天智天皇への反発の姿勢がほの見える」という。

最後に作家田辺聖子氏のこの歌の感想を紹介したい。

「額田も大海人も四十前後の中年であったろう。したたかで世故たけたかつての恋人同士は、ユーモアでもって巧妙にカムフラージュしつつ、消えやらぬ愛を戯れ交す。まことにのびのびとした大人の恋歌である」

右の解釈に私も近い。

壬申の乱の国際的背景

天智十年十月に大海人皇子を吉野へ見送った後、招かれざる外国からの客がやってきて、近江朝廷を困惑させた。十一月に郭務《かくむ》悰《そう》という唐から遣された使者が、二千人を乗せた四十七隻の大船団で対馬へやってきたのだ。白村江の戦いからわずかの年のうちに、唐からただならぬ規模の大船団が意図もわからず来航したのである。しかし近江朝廷は、天智天皇の病い篤く、その後間もなく崩御したため、この唐からの遣使にすぐに応じることはできなかった。船団はずっと大宰府で待機させられていたが、翌年の三月十八日に中央から阿曇連稲敷《あずみのむらじいなしき》が筑紫にまで遣わされ、面会した。目的を達した郭務悰は五月三十日に倭国を発った。

　この不可解な唐からの大船団の来航の真相について、これまで白村江の戦いに勝利した唐が倭国を占領しにきたのであるといった説から、そこまではいかずとも唐が倭国政府を「威圧・懐柔」するために送ったのであるとか、或いは滅亡した百済からの難民を輸送したのであるといった説などが唱えられてきた。また近年はこれを壬申の乱の勃発に絡ませて解釈する見方もある。

　これについては直木孝次郎氏が推測しているように、白村江の戦いで獲得した倭人捕虜を返還すると共に、その「交換条件として、唐救援のための軍隊の朝鮮派遣を日本の朝廷に要請」したものであろう。ちょうど天智の死の直前か直後にこの要請を受けた近江朝廷は対応に苦慮したが、結局出兵要求は拒否し、その代わりに身代金ともいうべき軍需物資を送り、一千四百人に近い捕虜を受け取った、というのである。

　私は、これら国際情勢が背景としては影響を持ったとは言えても、直接、外交・防衛政策の違いが元で近江の朝廷と大海人皇子が対立したことが、壬申の乱の原因になったとする見方は取らない。ただ、天智と天武の国際的視野というか世界観には、確かに差異があるように思う。

天智はよく言えば国際的視野があり、漢籍の知識も豊富で漢詩文をものし、渡来人を積極的に受け入れ、そのもたらす文化や技術を学ぼうとした。ただその国際的世界観の内実は、日本が小中華として朝鮮諸国を従え、自らを中国的皇帝になずらえるような帝国主義的な世界観であったことは否定できないように思う。成否、功罪は半ばすると思うが、百済出兵も亡命百済人登用も、中国的皇帝観の摂取も、あるいは大津宮での漢詩文の隆盛も、みなそうした天智の志向性がもたらしたといえる。

一方、天武は兄と比べると国際的視野は乏しく、漢詩文よりは和歌や神話を好んだ。大陸の知識よりは固有の価値観を尊重する、いささか保守的ともいえる世界観をもつ。それでも決して頑迷な伝統主義者ではなく、神祇祭祀の制度化、神話の体系化・文字記録化といった〝改革〟には熱心に取り組んだ。いっぽうで大陸伝来の天文・遁甲に長じていたという側面もあり、大陸の知識に関心が乏しかったわけでは無論ない。

十一月二十三日。天智の病いは重く、その最期の日も間近いと思われていたのであろう。この日、近江朝廷では大友皇子を中心にして五人の重臣が、内裏の西殿の織仏像の前で、心を一つにして天智の詔に従うことを誓った。

丙辰、大友皇子、内裏の西殿織の仏像の前に在りて、左大臣蘇我赤兄臣・右大臣中臣金連・蘇我果安臣・巨勢人臣・紀大人臣侍り。大友皇子手に香鑪《こうろ》を執り、先づ起ちて誓盟《ちか》ひて曰く、「六人心を同じくして、天皇の詔を奉じる。若し違ふこと有らば、必ず天罰を被らむ」云云。是に於いて左大臣蘇我赤兄臣ら手に香鑪を執り、次に随《まま》に起ち、泣血《な》きて誓盟して曰く、「臣等五人、殿下に随ひて、天皇の詔を奉る。若し違ふこと有らば、四天王打たむ。天神地祇もまた誅罰《つみ》せむ。三十三天、此の事を証《あきら》め知ろしめせ。子孫当に絶え、家門必ず亡びむ」と云云《うんぬん》。

（丙辰、大友皇子が内裏の西殿の織仏像の前に現われ、左大臣蘇我赤兄臣・右大臣中臣金連・蘇我果安臣・巨勢人臣・紀大人臣がその前に侍した。大友皇子は手に香鑪を執り、先ず起って誓いを立ててこのように言った。「六人心を同じくして、天皇の詔を尊びます。もしこれに違うことがあれば、必ず天罰を被るでしょう」云云。ここにおいて左大臣蘇我赤兄臣らが手に香鑪を執り、順番に立ち上がって、泣きながら誓いを立てて言った。「臣等五人は、皇太子殿下に従い、天皇の詔を尊びます。もしこれに違ふことがあれば、四天王が我々を打ちのめすでしょう。天神地祇もまた誅罰を下すでありましょう。三十三天よ、ご照覧あれ。子孫はまさに絶え、家門は必ず亡びることでしょう」と云々）

右の記事は、明らかに天智の意思が大友皇子にあったこと、五人の重臣がこの意思を受けて大友を真剣に支えようとしていたことを伝えている。しかし、そこにはどこかしら追い詰められたような悲壮感が漂っている。これらからすると、「天武紀」と比較して、概して「天智紀」は天智、あるいは天智朝に対してやや同情的であるといえるように思う。

しかしながら近年の論者の間では、私見とは逆に『日本書紀』は近江朝の重臣たちを忠実な臣下のように描いていないと主張する向きがある。

たとえば倉本一宏氏は、近江朝の重臣たちは「大海人に未練を残していた」のであって、「天智に仕える気持ちはあったであろうが、大友にどれだけの忠誠心を持っていたかは疑問である」と述べる。

また遠山美都男氏は、『日本書紀』は彼ら重臣を「天智王朝衰亡の元凶たる『奸臣』」として描いているとする。「大友皇子ではなく、彼をいわば担ぎ上げている『奸臣』たちを掃討するというのが、壬申の乱において天武天皇の掲げる大義名分であった」と『日本書紀』は認識しているとするのである。右のように考える遠山氏は、天智の見舞いに来た大海人皇子を殺害しようとしていたのも天智ではなく、五重臣だったという。

こうした近年の古代史家の見方は、私には説得力があるとは思えない。『日本書紀』は、五重臣をもっと悪辣に描くこともできたはずだが、そのような描かれかたはされていない。乱後の彼らの処罰にしても、決して厳しいものではなかった。

くり返しになるけれども、この五重臣の所伝は、天智の意思が大友にあったこと、五人の重臣が天智の意思を受けて大友を真剣に支えようとしていたことを伝えていると捉えるのが適切であろう。そのことを証するのが、その六日後の二十九日の出来事である。この日、この五人と大友皇子が揃ってもう一度天智の見舞いをし、大友皇子を支えることを病床の天皇の前で誓っているのである。

壬戌、五臣、大友皇子を奉じて天皇の前に盟《ちか》ふ。

この時、死の床にある天皇は何らかの言葉をかけただろうか。『日本書紀』にその言葉が記されていないところを見ると、もはや声はかけられなかったのだろう。すでに意識もなかったかもしれない。目を閉じたままの天智の前で五人は大友のもとで団結することを誓ったものと思われる。天智の崩御は時間の問題であった。

皇后倭姫の祈り

この時、後宮はどのような様子だったろうか。おそらくその頃、皇后倭姫が命旦夕に迫った夫の奇跡的な回復を神に祈り、この歌を作っていた。『万葉集』巻第二の百四十七番の歌。

天の原　振り放《さ》け見れば　大王《おおきみ》の　御寿《みいのち》は長く　天足らしたり

（高い大空を　振り仰いで見ると　天皇の　お命は長く久しく　天空を満たしています）

天皇の「生命力」が天空一杯に満ち満ちているのが感じられる、というのだが、実際にはその逆で天皇の生命は衰弱し、この世から消えようとしていた。一首は「後宮で天皇の病を鎮める祭儀が行われ、その折に詠んだ」歌、「無窮の天空を仰ぎ見て聖寿の長久を予祝」（伊藤博）したものと推測されている。生きてほしいとの切実な祈りから、詠まれた歌である。

斎藤茂吉『万葉秀歌』にはこうある。「天皇御不予のことを知らなければ、ただの寿歌、祝歌のように受取れる御歌であるが、繰返し吟誦し奉れば、かく御願い、かく仰せられねばならぬ切な御心の、切実な悲しみが潜むと感ずるのである」。言葉の力で、言霊の力によって、天皇の命が「長く天を満たすように」と祈っているのである。それは後宮に仕える多くの女性たちも同じ気持ちであったろう。この歌を皇后は女官たちの前で朗誦し、皆もそれに倣い、涙をこらえながら声を合わせて奇跡を祈ったのであろう。

祈りも叶わず天智が崩御したのは、大友皇子・五重臣と面会したその数日後の十二月三日のことだった。その崩御の様子、その後に行なわれた殯《もがり》、葬儀から埋葬に至る過程は、『日本書紀』にはほとんど触れられていない。

　十二月癸亥朔乙丑、天皇、近江宮に崩ず。
癸酉、新宮に殯す。

とあるばかりである。正史は詳しいことを伝えてくれないが、『万葉集』からは、湖畔の宮廷で女官たちが亡き天皇を思って殯の儀礼を執り行ったさまを窺うことができる。

天智を悼む宮廷女性の挽歌

以下の歌は、題詞に「天皇の大殯《おおあらき》の時の歌二首」とある（百五十一～百五十二番）。

かからむと　かねて知りせば　大御船　泊《は》てし泊まりに　標《しめ》結はましを　額田王

近江大津宮に近い唐崎神社の湖畔

（こうなるだろうと　前から知っていたら　大王のお船が　泊った湊に　標縄を張っておくのだったのに）

やすみしし　わご大王の　大御船　待ちか恋ふらむ　志賀の唐崎　舎人吉年《とねりのよしとし》

（やすみしし　我が大王の　お船を　待ち焦がれていることだろうか　志賀の唐崎は）

皇后の作ったのは以下の歌（百五十三番）。

いさなとり　近江の海を　沖離《さ》けて　漕ぎ来る船　辺に付きて　漕ぎ来る船　沖つ櫂《かい》　いたくなはねそ　辺つ櫂　いたくなはねそ　若草の　夫の　思ふ鳥立つ

（いさなとり　近江の海を　沖から離れ　漕いでくる船　岸近くを　漕いで来る船　沖を行く船の櫂よ　ひどく水を撥《は》ねないでおくれ　岸を行く船

の櫂よ　ひどく撥ねないでおくれ　若草の　夫の君が　思いを寄せる鳥が驚いて飛び立ってしまう）

これらの挽歌が歌われた殯宮は、湖畔に新しく設けられたものとする渡瀬昌忠氏の説もあるが、私は「古代では大津宮から十分湖が眺められたはずで、大津宮の宮城内の新宮に殯宮をもうけたとみたい」という直木孝次郎氏の見解に賛成する。この儀礼には倭姫皇后ほかの女官たち、特に額田王が加わっている。ここに彼女がいるのは、宮廷付きの専門的歌人としてこの挽歌奉呈儀式の中心に位置したからであると同時に、彼女自身も天智の愛を受けた女性だからであろう。そこで気になるのが作者不詳の次の歌である。

衣ならば　脱ぐ時もなく

うつせみし　神にあへねば　離れ居て　朝嘆く君　放《さか》り居て　我が恋ふる君　玉ならば　手に巻き持ちて　衣ならば　脱ぐ時もなく　吾が恋ふる　君ぞ昨《きそ》の夜　夢に見えつる

（生きてこの世にある私は　神にはとても敵わないから　〔今は大王とは〕離れていて　朝から嘆く君　遠くに居て　我が恋うる君　玉だったら　手に巻き持って肌身離さず

衣ならば　脱ぐ間もなくずっと着ていたい　私が恋うる　君は昨日の夜も　夢に見えました）

この百五十番歌の題詞には「天皇の崩《かむあが》りましし時に、婦人が作る歌一首」とだけあって、作者の名は記さない。普通なら「下級の女官の女孺や采女であった者」（新編日本古典文学全集）とするのが穏当なところだが、しかしこの歌は臆することなく天智との愛を語る。皇后もその場にいた可能性もあるのに。昨日も夢に見たと、受けた愛を競っているかのようにも感じられる。直木孝次郎氏は、「玉ならば　手に巻き持ちて　衣ならば　脱ぐ時もなく」の箇所について「情感にみち、具体的かつセクシャルな描写は、自分こそが天智天皇の妻であるといいたげである」と指摘する。そう、氏はこの「婦人」とは「額田王の匿名ではないか」というのである。私もこれに賛成だ。直木氏は、この歌が天智の夢を見たとは言うが、その霊魂が見えたとか、面影が見えたなどとは言わない、この「理性的な嘆き」は「額田王の歌いぶりと似ている」という。

一方、前掲の額田王作と明記されている、

かからむと　かねて知りせば　大御船　泊てし泊まりに　標結はましを

に対して、「妻としての悲しみが出ていない」とか「感動よりも理が這入って」（土屋文明『万葉集私注』）いるという批判があるそうだが、これについても直木氏はこちらは「大殯」の時の「後宮に仕えるものとしての歌」であり、「妻としての悲しみ」を歌った前者の歌とは使い分けているのだとした。宮廷歌人としての作歌と、天智の妻の一人としての歌とでは、おのずと歌の趣きも変わろうというものである。しかしその背景には、後宮女性たちの放つ静かな火花が見えるようである。

人はよし　思ひやむとも

夫の死ののち、倭姫皇后の眼には、その亡魂が天空を天翔けるのがありありと見えた。

青旗《あおはた》の　木幡《こはた》の上を　通ふとは　目には見れども　直《ただ》に会はぬかも

（青旗の　木幡の山の上を　御魂が行き来したまうとは　目には見えるけれども　直接にはもうお逢いできないことです）

百四十八番歌の「青旗」は「杉や檜の密生する山の茂り」の詩的表現に由来する枕詞。「木幡」は現在の京都府宇治市北部の地名。近江の都から山背国へと、肉体から離れた天智の御魂が天翔けていったのを皇后はこの目で見たというのだ。先ほどまでは天皇が「天足らし」ていたこの世界。一転して、今は皇后も同じ天空を肉体を失った天皇の魂が飛び去っていくのをこの目で見た。悲しい現実を皇后も認めたのだった。

皇后のもう一つの歌（百四十九番）。

人はよし　思ひやむとも　玉かづら　影に見えつつ　忘らえぬかも

（たとえ　人は思いが止むときが来たとしても　〔玉葛《たまかずら》〕天皇の面影が見えている　私には忘れられない）

「玉葛」は蔦で作った環状の髪飾りで、影につながる枕詞。一首目では集団で天皇の病気平癒を神に祈り、予祝の歌を歌っていた皇后だが、二首目では天皇の霊魂が空を駆けていくのをこの目で確認した。三首目では他の人々は忘れたとしても、自分だけは夫を忘れないぞ、という孤独な決意が仄見える。阿蘇瑞枝氏はこの歌について「挽歌としては異例の表現ではあるが、皇后倭姫の情炎ともいうべき個人的な強い思い」がうかがえるとする。

今や皇后は一人である。そう思わせるような状況が実際にあったのだろうか。この三首の時間経過のなかに、その心境の変化を見ることが出来る。

天智天皇の埋葬

天智の崩御が十二月三日。壬申の乱の勃発は翌年の六月末だから、それまで七カ月近くある。この間にどれだけ天智の御陵の造営が進み、故人の埋葬はいつ頃行われたのか。乱勃発までにそれは完了したのか。それとも乱の終息後、天武朝あるいは持統朝の政権のもとで御陵の造営は引き継がれたのか。この辺りは今も謎である。ただ、現在の京都市山科区に天智の御陵が存在し、これが『延喜《えんぎ》式《しき》』諸陵寮《しょりょうりょう》条にみえる天智天皇陵に他ならないことも明らかである。

山科陵　〔近江大津宮御宇天智天皇。山城国宇治郡に在り。兆域東西十四町。南北十四町。陵戸六烟。〕

天智陵のある山科は、中臣鎌足の邸宅のあったところでもあるが、京都盆地でもより東部の大津に近い所にある。この立地は当然、大津宮に近いからだろう。八世紀に長岡京・平安京に遷都する以前に山背国に御陵が営まれたのは天智天皇だけだ。その点で異例なのだが、近江への遷都自体が異例だったのだから、当然ともいえる。この立地は、近江朝廷によって決定されたものであることは、どこからみても間違いないだろう。

現在、この古墳はJR山科駅から徒歩十五分ほどのところにある。当時の天皇陵のシンボルである八角墳である。故人の死去ののち、造られたとすると、十二月に崩じて少なくとも数カ月は要するであろう。一方「天武即位前紀」五月是月条には、大海人の舎人の朴井連雄君が、美濃へ赴いた途次で、近江の朝廷が美濃と尾張の国司に天智天皇の「山陵造らむが為に予《あらかじ》め人夫を差し定めよ」と命じ、彼らに武器を携帯させた、との情報を入手し、これを大海人皇子に注進したとある。この記事を信じるならば、近江朝廷側には、実は山陵を造る気は無かったということになるが、果たしてそうだろうか。

額田王の天智陵を歌った歌

『万葉集』巻第二の百五十五番歌。

　山科御陵より退《まか》り散《あら》くる時、額田王の作れる歌一首

やすみしし　我ご大王の
恐《かしこ》きや　御陵《みはか》奉仕《つか》ふる
山科の　鏡の山に
夜はも　夜の尽《ことごと》　昼はも　日の尽
哭《ね》のみを　泣きつつ在りてや
百磯城《ももしき》の　大宮人は　去り別れなむ

（山科の御陵より退散する時、額田王の作った歌一首
やすみしし　我が大王の　恐れ多い　御陵を造営している　山科の　鏡の山に　夜はといえば　夜通しに　昼はといえば　ひねもすずっと　声を上げて　泣き続けていて　百磯城の　大宮人は　去り別れていくのか）

右の長歌は、天智陵が造営されて埋葬もされ、哭泣儀礼も済んで、「大宮人」が散り散りに別れていく時に額田王が歌ったものとされる。具体的にはそれは壬申の乱が勃発する前なのか、あるいは後とする見解もある（身崎寿氏）。またここで詠まれている山科御陵を現在の天智陵とは別のものとする説もある。直木孝次郎氏は、この歌で詠まれている天智陵は「完成した山陵ではなく、仮の墓である」とする。完成した天智陵は、のち文武三年に同じ山科でも別の所に初めて造営されたのだと考えるのである。第二章で述べたように、『続日本紀』に天智の死後約三十年近く経った文武天皇三年、天智陵と斉明天皇陵が共に「修造」されたという記述があるからである。

私が重視したいのは、この挽歌の題詞に「山科御陵より退り散くる時、額田王の作れる歌」とあり、歌そのものも、最後を「百磯城の　大宮人は　去り別れなむ」で、結んでいる点である。このような題詞をもつ挽歌は後の時代を含めても他にはなく、末尾を山陵に

天智天皇陵

奉仕する宮人たちの解散で終わる挽歌も他にない。のちの天武天皇、草壁皇子（日並《ひなめし》皇子）、高市皇子の挽歌にもこのようなものはないのである。この歌は単に天智の死を悼み、その埋葬を悲しんでいるだけではない。その山陵造営や殯、埋葬などを行ってきた官人たちが、この作業が終われば、あとは散り散りに別れていく、その悲しさに主眼を置いているのである。

　これは言うまでもなく、天智没後、壬申の乱勃発直前の混乱した状況を表現していると見るべきであろう。天皇を埋葬したあと、山科から近江朝廷に帰る者もあれば、大津宮には帰らず大和、飛鳥の旧都へ帰る者もいたであろう（のちに述べるようにこの歌の作者自身が近江には戻らなかった）。もう一枚岩ではなくなった官人たちの悲しさも踏まえているのである。この一点からも、この歌が乱終息後に詠まれたという身崎寿氏の説には従えない。

天智天皇陵はいつ造られたか

この歌に詠まれた「山科御陵」は簡素な仮埋葬された墓で、文武朝に造営された現在の天智陵とは別の位置に造られたものとする直木説についてはどうであろう。のちに述べるように現在残されている『万葉集』巻第二は、元明朝にまとめられた勅撰であるとする説が有力である。したがってこの時点ですでに文武三年に造営された天智天皇陵は完成したあとである。『万葉集』巻第二に詠われる「山科御陵」が直木説の推測通り、「仮埋葬された簡素な墓」で、場所ものちに移されたのであれば、これを巻第二の題詞は「山科御陵」と書くだろうか。そこが私には疑問に思われる。文武朝に土木工事を施して墳丘を整備したにせよ、天智陵の位置自体は動いていないと考えるのが妥当であろう。遺体の改葬なども行っていないと私は思う。

現在の天智陵が、文武朝に新しく造られたものではないということは、古墳の様式上からも導き出される。七世紀半ば近くから、天皇あるいはそれに準じる皇族の御陵特有の墳形として八角墳が選択されたことはよく知られている。天智天皇陵もそのひとつである。

このうち現在のところ最も古いとみられているのが奈良県桜井市の段ノ《だんの》塚《づか》古墳（現・舒明天皇陵）で、このほか岩屋山古墳、そしてこの天智天皇陵（御廟野《ごびょうの》古墳）など、より古い形式のものはどれも方形壇の上に八角形の壇が載っている。これに対し、より新しい時代の天武・持統陵や中尾山古墳（文武天皇陵と推定される）などには方形の壇が存在しない。いきなり八角形の墳丘が築かれているのである。つまり方形の壇の上に八角墳が築かれた形式から、直接八角墳が築かれる形式へ、という変化が看取されるのである（白石太一郎氏・河上邦彦氏ら）。この点からも、現在の天智天皇陵が、古い時代に造られたものであって、文武朝などに新しく造られたものではないことがわかる。額田王の歌に歌われている天智陵が現在の天智陵とは別のものであるとする直木説にはやはり賛成できない。

　天智陵の立地については、これが藤原京中軸線の真北にあることから、これは京の真北＝「天極」を選んで建設されたもので、そこに天智を「律令国家の初代皇帝」と見る世界観が反映されている、とする藤堂かほる氏の説がある。藤堂説には賛否両論あるのだが、私はどちらかといえば懐疑的である。

　天智陵は彼の死後、壬申の乱勃発までに選地は終わり、少なくとも造営は始まっていたと考えている。文武三年の「修造」は、とりあえず出来上がり、埋葬も終わっていたこの古墳をさらに整備し、荘厳にするためのものだったのではないだろうか。考えてみれば、文武天皇三年に「修造」されたという斉明陵と天智陵は、前者は持統の祖母の墓、後者は持統の父の墓であった。持統にとっては自らの権威付けという政治的狙いもあっただろうし、また父と祖母への孝養という意味合いもあったのだろう。

大津宮を逃れた女性たち

　先に額田王の詠んだこの長歌の主眼は、天智の死と埋葬を悲しむだけではなく、山陵の造営と葬送に携わった人々がこれが終わったあと、散り散りに別れていく哀れさをも描いた歌だと指摘した。誰あろうこの歌の作者額田王自身もこのあと、近江の都へ帰ることは無かった。彼女は近江朝廷とは運命を共にしなかった。知られている通り、額田王は天武朝の宮廷で生きぬいている。天智の御陵が造営され、埋葬されたのを見届けて、彼女はそこを去った。この歌は天智との惜別の歌であり、大津宮との別れの歌でもあったと思う。

　この額田王と行を共にした女性がいる。娘の十市皇女である。この皇女は大海人皇子と額田王との子で、大友皇子の正妃であった。そして壬申の乱後は父天武の朝廷で生きた。

彼女の名前が「天武紀」四年二月条と同七年四月条に見えることがこれを証する。ある時点で彼女は母と共に大津宮から離れ、父大海人皇子のもとへ移った。そして壬申の乱後も天武朝の宮廷で母と共に余生を送ったのだった。

この母と娘が、山科の山陵に埋葬される天智帝の亡骸を見送った時、娘の手には四歳のあどけない男子の手がひかれていたはずである。彼女には、大友皇子との間に産んだ一子、葛野《かどの》王がいた。『懐風藻』の伝によると、葛野王は慶雲二年に三十七歳で亡くなったとあるから、天智天皇八年（六六九年）の生まれである。この祖母と娘、幼子は一緒に近江を出て山科陵へ向かい、ここで亡き天智の埋葬を見届けて、大和へ向かったのだろう。葛野王の父方の祖父は天智天皇、母方の祖父は天武天皇にあたる。

額田王の大津宮との決別

どのようにしてこの祖母と娘、孫の三人は近江朝廷から逃れ得たのか。厳しい監視の目をかいくぐっての決死の逃避行だったのか、それとも夫大友皇子の許しを得ての静かな別離であったのか。いずれとも言えようが、天智陵で難なく他の官人たちと共に亡き帝の埋葬に立ち会っているところからすると、後者のように思う。大友は、十市皇女の父である大海人と雌雄を決せねばならぬ日が近いことを既に予期し、その時この母・娘・孫の立場が微妙になることを悟っていたのかもしれない。

　多くの人夫を駆使して天智陵を造り終え、そこに玉体を安置し、最後の葬送儀礼を執り行う――慌ただしい不穏な空気の中であったろうが――一連の務めを終えた官人たち、女官たちは、このあと近江の朝廷に帰る者もあれば、飛鳥へ行く者、難波へ行く者、それぞれであったのだろう。近江の朝廷もあえて引き止めはしなかったと思われる。こうして天智の埋葬を見届けたうえで、額田王と十市皇女の母子もここを去っていった。近江の都へはもはや戻らなかった。そう考えると、先にみた倭姫皇后の天智挽歌が思い出される。

　　人はよし　思ひやむとも　玉かづら　影に見えつつ　忘らえぬかも

　（たとえ人は　天皇への思いが止むときが来たとしても〔玉葛〕天皇の面影が見えている　私にはとうてい忘れられない）

　他の人々は忘れたとしても、自分だけは夫を忘れることはできない、という皇后の孤独な決意。そこには天智崩御からさほど時が経っていないにも拘わらず、多くの人びとが彼を忘れたかのようにふるまう世の薄情を恨む気持ちがこめられているように感じられる。具体的には近江を去ろうとする額田王への感情――もっといえば皇后としての意地がこの歌には秘められているように思う。この歌には、天智の愛を受けた者同士の冷たい確執がうかがえるようにも思える。

額田王の担った使命

『万葉集』には、先にも挙げたような天智の崩御を悲しむ後宮女性たちの挽歌が、九首も収められている。倭姫皇后の作が四首、額田王の歌が二首、姓氏不明の婦人の作が一首、舎人吉年《とねりのよしとし》の作が一首、石川夫人の歌一首の合計九首である。戦さで滅び去ったこの都で詠まれた数々の歌が、兵火を免れどのような経緯で後世に残されたのか。天智朝の後宮女性の挽歌が一括して『万葉集』巻第二に収録された背景に何があったのか。考えてみれば不思議ではないだろうか。その答として、額田王の尽力があったという身崎寿氏の説がある。

氏は、天智の死の前後のことを伝える『日本書紀』の記事が「いちじるしく簡略」なのに比べて、『万葉集』には「けっしてすくなくはない数の」天智の挽歌が残されていることを不思議とし、そこから「やや想像をたくましくするなら」として、「この歌群の存在を天武治下の宮廷社会につたえたのは作者たちのうちのひとり、額田王だったのかもしれない」と推測したのである。身崎氏のこの説には直木孝次郎氏も賛同しているが、私も賛成したい。

天智の挽歌が作られ、詠み上げられた殯の場には、倭姫皇后を首座にその他の后妃や女官たち、そして額田王もいた。乱勃発を前に近江の宮を脱出した額田王は、このとき自身を含め倭姫皇后やその他の天智朝の後宮女性たちが詠んだ歌々を記録し、天武朝の宮廷に伝えたのだろう。それが我々のいま見ることの出来る『万葉集』巻第二の天智挽歌群と想像される。

ここまで本章でとりあげた倭姫皇后、額田王、十市皇女はいずれも亡き天智天皇とは近い親族関係にある女性ばかりであったが、持統天皇も元明天皇もまた言うまでもなく天智天皇の娘である。持統すなわち鸕野皇女は、天智崩御の折、夫大海人皇子と共に吉野に居た。葬儀にもかかわらず、近江宮へ帰ることもなかった。近江を去り、夫と共に吉野へ行ったとき、彼女は父とも近江朝廷とも決別し、夫と運命を共にする決意を既に固めていたのであろう。二カ月後、父崩御の報を聞いても彼女の決意は揺らぐことはなかった。あるいは倭姫皇后が「人はよし　思ひやむとも」といった視線の先には鸕野皇女がいたのかもしれない。

十二月三日に亡くなった天智の葬儀が終了したのがおそらく、翌年の五月か六月ころであろう。その頃にはもはや事態は引き返せないところまで来ていたようである。天智天皇にゆかりの深い女性たちの身の上も同様であったろう。

第六章　大津宮の滅亡と消えた后妃たち

大海人皇子が最初に与えた作戦

古くから論争になっているのが、大海人皇子の挙兵の計画性である。『日本書紀』は己の身を守るため、やむを得ず吉野を脱出したのだとしているが、信じられるのか。あらためて考えてみたい。

大海人皇子の策は最初からなかなか周到だった。先にも記したように、彼は吉野を発つ前に二つの指令を腹心に下し、美濃方面と飛鳥へ派遣している。

ひとつは、村国連男依《むらくにのむらじおより》・和珥《わに》部臣君手《べのおみきみて》・身《む》毛君広《げのきみひろ》に命じて、急ぎ美濃国に走らせた。与えた任務は、この国の安八磨郡の湯沐令多臣品治《おおのおみほむち》に計画の要を示し、この郡の兵を発動せよという命令を伝えること、そして美濃国の国司を通して諸軍を差発させて、急いで「不破道を塞」ぐことであった。これはいずれも美濃の地元の豪族である村国連男依のめざましいはたらきにより、実現した。美濃へ派遣した男依は、この地の兵三千人を集め、不破を占拠したのである。

さらに大海人皇子は、「大分君恵尺《おおきたのきみえさか》・黄書造《きぶみのみやつこ》大伴《おおとも》・逢臣志摩《おうのおみしま》」の三人を、飛鳥の「留守司」高坂王のもとに送った。高坂王の預かる「駅鈴」を入手するのが目的だった。これがあると公然と鈴鹿や不破の関を越え、吉野から東国へ抜けることができる。先にも示したように駅鈴が得られなかった場合の行動もこの三人――大分君恵尺・黄書造大伴・逢臣志摩――にそれぞれ言い含めていた。

結果は、駅鈴の入手は叶わなかった。逢臣志摩は指示通りこのことを吉野に戻って大海人に報告し、大分君恵尺は近江へ急いだ。黄書造大伴は大伴連馬来田《まくた》・吹負《ふけい》兄弟のもとへ向った。

大海人皇子は逢臣志摩の報告を受けて吉野を発つのである。飛鳥と吉野は決して遠くない。高坂王に知られてしまった以上、吉野が攻撃される可能性はきわめて高く、追いつかれる前にここを脱出しなければならなかった。そしてそのころには大分君恵尺は、飛鳥から近江に向かって急いでいた。これも高坂王から近江へ、大海人謀反の報せが届くより先でなければならなかった。

大津宮を脱出した高市皇子が合流するのは二十五日、「積殖《つむえ》山口」。「鹿深より越えて偶《あ》ふ」とある。父が吉野を出た翌日である。高市皇子に付き従っていたのが「民直大火《たみのあたいおおひ》・赤染造徳足《あかそめのみやつことこたり》・大蔵直広隅《ひろすみ》・坂上直国麻呂《さかのうえのあたえくにまろ》・古市黒麻呂《ふるいちのくろまろ》・竹田大徳《たけだのだいとく》・胆香瓦臣安倍《いかごのおみあへ》」の七人であったとある。さらにその日の夜、鈴鹿から「三重」（現在の四日市市街地か）に至った夜半、「山部王」と「石川王」が鈴鹿の関に待機しているとの報せが入った。大海人は確認のため、「路直益人《みちのあたえますひと》」を送らせたところ、翌朝、戻ってきて、「鈴鹿関に留め置かれていたのは、山部王と石川王ではなく、これこそ大津皇子でした」と報告し、皇子を伴ってきていた。大津皇子にも付き従う豪族がいた。「大分君恵尺・難波吉士三綱《なにわのきしみつな》・駒田勝忍人《こまだのすぐりおしひと》・山辺君安摩呂《やまのへのきみやすまろ》・小墾田猪手《おはりたのいて》・埿部眂枳《はつかしべのしき》・大分君稚臣《おおきだのきみわかおみ》・根《ね》連金身《むらじかねみ》・漆部友背《ぬりべのともせ》」の八人である。こうして大海人皇子が吉野を出た翌日、翌々日には高市と大津の二皇子は、相次いで伊賀から伊勢の周辺で追いつき、合流するのである。

矛盾する『日本書紀』の記述

『日本書紀』によれば、そもそも大海人皇子が吉野脱出を決意したのは、近江方が自分たちを殺害しようと企んでいると知ったからであった。

「今、聞く。近江朝庭《みかど》の臣等、朕が為に害《がい》さむことを謀《はか》ると」

（「今、聞くところによると、近江朝廷の臣らは、朕を殺害しようと謀っているという」）

だからこそ大海人皇子は、決起したのだと『日本書紀』は言う。その根拠は、腹心らのもたらした二つの情報――近江の朝廷が美濃と尾張の国司に天智天皇の御陵を造るために人夫の動員を命じ、実際は彼らに武器を持たせている。近江朝廷が近江から大和までの要所に斥候を配置し、宇治橋を封鎖して大海人皇子の舎人が食料を運ぶのを遮《さえぎ》っている――というものであった。今にも近江から追討軍が差し向けられるのではないか、そのような切迫した危機感から大海人皇子一行は昼夜兼行で吉野を逃れ、伊賀、伊勢、美濃へと急いだのである。

しかし本当に近江朝廷は、右にあるように吉野を攻撃する準備をしていたのだろうか。『日本書紀』の記述自体が矛盾しているともいえるのだが、大海人皇子脱出を知った近江朝廷の反応をもういちど確認してみよう。

この時に近江朝、大皇弟東国に入ると聞きて、それ群臣悉《ことごと》く愕《おそ》れ、京内震動す。或いは遁《に》げて東国に入らんとし、或いは退きて山沢に匿《かく》れむ。

先にも記したように、まさにパニック状態だったというのである。大友皇子は、群臣に対応策を諮《はか》ったところ、一人の者が大海人皇子を素早く打ち滅ぼすべきと主張した。しかし皇子はこの進言を容れず、東国と飛鳥、吉備、筑紫へ使者を遣わし、兵を徴発するよう命じたのであった。結局、近江方は後手後手に回るのである。

こうした『日本書紀』の記述によるならば、実際は近江方は吉野にいる大海人を討つ準備などしていなかったことになるであろう。少なくともその衝突はもっと先の事と思っていた公算が強い。だとすれば、結果的には大海人皇子の挙兵はフライング気味だったことになる。

あるいは、近江の朝廷が美濃と尾張に命じて人夫を動員させ、武器を持たせているとの情報も、近江から大和までの要所に斥候を配置し、宇治橋を封鎖しているとの情報も、いずれも大海人の腹心たちが皇子の決起を促すために注進したデマだったのか、あるいはこうした情報を伝える『日本書紀』の記述自体が、大海人の蜂起を正当化するための捏造なのかもしれない。松本清張は『清張通史5　壬申の乱』でこれを「書紀が大海人挙兵の口実に書いたのであって、事実ではあるまい」とする。

計画性論争

古く直木孝次郎氏と田中卓《たかし》氏の間で計画性をめぐって論争が交わされたけれども、私はある程度の計画性はあったと考えている。『日本書紀』を注意深く読むと、そのことが隠そうとしても仄見《ほのみ》えている。

たとえば、先にみた高市皇子と大津皇子が近江を出て父と合流したという記事だ。ここにそれぞれに付き従った豪族たちの名前が出ている。おそらく二皇子を連れ出すには、大分君恵尺は昼間ではなく夜陰に紛れて各々の邸宅に忍び込み、脱出させたのだろう。いくら油断していたにせよ、近江朝廷も高市皇子と大津皇子への警戒は怠ってはいなかったはずである。脱出はかなり危険を伴っていたであろうし、急を要するものでもあったろう。二皇子にすれば突然大分君恵尺が隠れて来訪し、父の決起とここからのすぐの脱出を説いても、にわかには信じ難いのではないか。やはり事前に彼らも覚悟が出来ていたはずだと私は想像する。そのうえ、重視したいのは先に逐一挙げた二皇子に付き従った豪族たちである。高市皇子には七人、大津には八人が新たに付き従った。これだけの人数がすぐに揃っているのである。いざという時の準備は出来ていたのではないか、と考える所以はそこにある。

もちろんこの戦いが決して両者対等な立場、情勢で開始されたものでなかったことは確かだ。大海人皇子は少人数で吉野に隠遁していたところを昼夜兼行でここを逃れ、伊賀・伊勢・美濃と赴く中で次第に味方を増やし、劣勢を挽回していったのであった。それはやはり反乱とよぶにふさわしい。また古今東西の多くの反乱と同じく、決して万全の態勢を整えた上で挙兵したわけではないだろう。高坂王から駅鈴を入手できなかったのは誤算であったろうし、高市皇子と大津皇子を無事近江の宮から連れ出せるかどうかも、危険な賭けであった。それでも一カ月後には兵の多寡《たか》も逆転し、堂々たる形で大海人皇子は勝利した。危険な賭けに勝ったのである。

十市皇女の内通伝承

考えてみれば、高市皇子と大津皇子の二人は近江側にすれば大海人からとった人質のようなものだ。その二人が近江を脱出した。これを知った大友皇子を始めとする首脳部の驚愕は隠せなかったに違いない。

ただ近江朝廷がパニックに陥ったという『日本書紀』の記述には誇張もあるだろう。左大臣・右大臣を始め、決して無能な臣下ばかりだったわけではない。ただ『日本書紀』の記すのは男たちの動向ばかりである。女たちの姿は『日本書紀』からは全く窺い知ることはできない。しかし一方で我々は『万葉集』を持っている。ここには近江朝廷の後宮女性たちの動向を少しではあるが垣間見させてくれるものがある。

先にみたように、乱の起こる前に近江を去った人々もいた。額田王とその娘・十市皇女らであった。『扶桑略記』や『水鏡』『宇治拾遺物語』など後世の書物には、十市皇女が父の側に内通し、近江朝廷内部の情報を伝えていたという伝承がある。

『扶桑略記』には、

世に伝へて云《いわ》く。大友皇子の妃は是天皇（天武）の女也。竊《ひそか》に謀《はか》り事を以て隠れて消息を通ず。〔已上《いじょう》〕

（世間では伝えて曰く。大友皇子の妃は天武天皇の娘である。密かに謀りごとを用いて隠れて父と手紙をやりとりしていた）

とある。これが最も古い所伝だが、具体的な伝承は伝えられていない。これが『水鏡』になると、以下のようになる。

大伴（大友）ノ皇子ノ御女ハ、此吉野ノ御門ノ御女ナリシカバ、密カニ此事ノアリ様ヲ御消息ニテ父ノ御門へ告ゲ申シ給ヘリ。

〔大友皇子の妃は大海人皇子の娘であるから、密かに近江朝廷の動静を父である大海人皇子に告げていた〕

『宇治拾遺物語』ではさらに物語性が豊富である。近江朝廷は、「軍を整へて」大海人皇子を近江に「迎へ奉るやうにして、殺し奉《たてまつ》らんと謀り給ふ〔迎え奉るように装って、殺そうと謀っていた〕」。そこで大友皇子の妃である十市皇女が活躍する。

この大友皇子の妻にては、春宮の御女ましければ、父の殺され給はん事を悲しみ給ひて、いかでこの事告げ申さんと思しけれど、すべきやうなかりけるに、思い侘び給ひて、鮒《ふな》の包み焼のありける腹に、小さく文を書きて、押し入れて奉り給へり。

〔この大友皇子の妻は、春宮〔大海人皇子〕の娘であるから、父が殺されようとしていることを悲しんで、何とかしてこの事〔大海人皇子を殺そうという計画〕を告げようと思ったけれども、その方法がなかった。そこで思い悩んだ末に〔琵琶湖名産の〕鮒の包み焼の腹に、小さく手紙を書いて、その中に押し込んで入れたのであった〕

これを読んだ大海人皇子は、一人身をやつして吉野を脱出する。『日本書紀』の所伝とはかなり異なる、伝奇的な物語に変容しているさまが窺えるのである。

十市皇女が父大海人皇子に内通し、近江方の情報を送っていたとしたら、重大である。

しかしながらこれらの所伝は、乱後、かなり後代のものであるから、信用には値しないだろう。事実は先ほど見たように十市皇女は、乱勃発以前に母と共に近江を出て、山科御陵に天智の遺体が埋葬されるまでは立ち会っていたが、それ以後は近江に戻ることはなかった。戦いが始まったのちに内通していたととるのは正しくない。むしろ内通者は他にいた。

あらためて『日本書紀』の記事を見てみると、近江朝廷側には戦いの行なわれたひと月ほどの間、終始人心の動揺があったように見受けられる。離反や裏切り、内紛等のあったことがいくつも記されていることに気づく。

近江方の内通・寝返り

まず山部王（出自不明）について見ていきたい。先述した大津皇子が三重郡家で父大海人皇子と合流した時、当初は何故か、山部王と石川王が到着したという情報がもたらされるのだが、翌朝になってこれはデマとわかり、実際に来たのは大津皇子であった。

山部王は近江方についており、のちに彼は不破にいる大海人皇子を襲う軍の指揮を命じられ、犬上郡まで進軍している。しかしここで味方であるはずの蘇賀臣果安《そがのおみはたやす》と巨勢臣比等《こせのおみひと》によって殺害されてしまう。何らかの内紛があったのであろう。このために軍はそこから進まず、王を殺した蘇賀臣果安も自殺してしまう。

この一連の経緯をどのように解すればいいだろうか。まず疑問なのはなぜ大津皇子が、山部王と誤解されたのかである。普通に考えれば、山部王も高市皇子・大津皇子と同じく大海人皇子のもとに馳せ参ずる事前の約束があったからだろう。

山部王は近江から脱出して大海人皇子のために駆けつけるという事前の約束を、どういう事情でか、守れなかった。結果的には裏切って、近江方の将として参戦するのである。しかしこれもどういう事情でかは『日本書紀』は記さないが、蘇賀臣果安と巨勢臣比等によって殺害されてしまう。これは多くの論者が推測しているように、元々山部王が大海人に心を寄せていたことを他の二人が知り、対立したことが原因なのであろう。あるいは山部王はこの時、軍から離脱して寝返ろうと図っていたのが露見して殺されたのかもしれない。

この混乱が原因で近江方の軍はさらにバラバラとなり、山部王を殺した蘇賀臣果安もまた「頸《くび》を刺して死」んだという。この事態に見切りをつけたのであろう、近江方の「羽田《はたの》公矢《きみや》国《くに》」親子が大海人皇子に寝返るのである。

この時に、近江将軍羽田公矢国、その子大人《うし》等、己が族を率いて来降す。

彼らは、琵琶湖の北を回って湖西から南下して大津宮を攻撃する任務を与えられる。大和方面の戦いで寝返ろうとしたのは、「河内国司守来目臣塩籠《くめのおみしおこ》」である。

この時に河内国司守来目臣塩籠、不破宮に帰る情《こころ》有りて、軍衆を集める。ここに〈壱伎史〉韓国《からくに》到りて、密かにその謀を聞いて塩籠を殺さんとす。塩籠、事の漏れたるを知りて、乃《すなわ》ち自ら死す。

(この時に河内国司守来目臣塩籠は、不破宮に寝返ろうという気持ちがあって、軍衆を集めた。ここに〈壱伎史〉韓国がやって来て密かにその策略を聞いて塩籠を殺そうとした。塩籠は事が漏れたのを知って、自ら死んだ)

もうひとりは戦いが終息した後に発覚した。六月二十七日、大海人皇子が吉野からの逃避行を経て、不破に到着した時、二万の大軍を率いて帰参した「尾張国司守小子部《ちいさこべ》連鉏《むらじさ》鉤《いち》」が、戦後の八月二十五日になって突然自殺したのだった。

もちろん近江朝廷軍にも、壱伎史韓国・智尊など勇敢に戦った者たちは多くいた。不破から大津宮に向かって南下してくる大海人軍を阻止すべく、近江軍は何度も戦いを挑んだ。ほとんど連戦連敗ではあったが、それでもあきらめず軍を集め、立ち向かった。しかし、瀬田橋の戦いが最後の決戦になり、ここが陥落したあとは総崩れとなった。さらに大津宮とその周辺の寺院に籠って抗戦するということはなかった。いや出来なかったのであろう。

こうしたところにも、近江方の敗因が見て取れるのではないかと私は思う。この古代最大の内乱の勝敗の帰趨は、何に由来するのだろうか。元は、数十人しか従う者のいなかった大海人軍がなぜ数日の間に大軍に膨れ上がったのか。一方、近江朝廷はその後ひと月ほどの間、なぜか勢力挽回も叶わず、内部に裏切り者を出し、連戦連敗を重ね滅び去った。

大津宮の焼亡

それにしても、瀬田橋の決戦に敗れたあと、なぜ大友皇子は大津宮に戻らなかったのであろうか。宮に立て籠もって再起を図り、もう一度戦うか、戦う気は無くともなぜ最期の場所として宮を選ばなかったのだろうか。

そのとき大津宮はどのような状況だったのか、『日本書紀』は何も語らない。天智天皇が築いたこの宮がどのように終焉を迎えたのか、全く沈黙している。一方で大津宮は壬申の戦乱に巻き込まれて焼亡したのだという理解がある。これを記すのは『懐風藻』の序文である。


淡海先帝の命を受けたまふに及びて帝業を恢開し、皇猷《こうゆう》を弘闡《こうせん》したまふ。道は乾坤《けんこん》に格《いた》り、功は宇宙を光《て》れり。（中略）旋《しばしば》、文学之士を招き、時に置《ち》醴之《れいの》遊《ゆう》を開きたまふ。此之際に当たりて、宸翰《しんかん》文を垂らし、賢臣頌《しょう》を献ず。雕章《ちょうしょう》麗筆、唯に百篇に非ず。但《ただ》し時に乱離を経て、悉く煨燼《わいじん》に従ふ。言に湮滅《いんめつ》を念じ、軫悼《しんとう》して懐を傷《いた》ましむ。

（淡海先帝〔天智天皇〕が天命を受けて即位されるに及んで、帝王の事業を広め開き、天子の事業を広め盛んにされた。天子の道は天地に至り達し、その功業はあまねく天下に輝きわたった。〔中略〕しばしば朝廷に文学之士を招き、時に酒宴の遊びを開かれた。天子自ら詩文を披露され、賢明な群臣たちも天子を賛美する詩文を献じた。美しく飾った詩文はたった百篇にとどまらない。しかし壬申の乱を経て悉く燃やされてしまった。ここにその滅亡を思って心を悼み歎くことである）

大津宮は文運盛んな都であった。たびたび詩宴が催され、湖水の畔で天皇始め群臣が想を練り、筆を競った。男ばかりでない、額田王もそのなかにいた。まこと華やかな宴であったろう。しかしそれらの作品群も「時に乱離を経て、悉く煨燼に従」った。壬申の乱によってすべて灰燼に帰したというのである。

大津宮は焼けなかった？

しかし意外なことに一九七四年以来断続的に行われている大津宮の発掘調査からは、今のところ焼けた建造物の跡などは発掘されていないそうである。本当は大津宮は焼けてなどいなかったのだろうか。柱を抜き取った穴が発見されていることなどからすると、壬申の乱で焼失したわけではなく、宮柱などは再利用されたとする仁藤敦史氏の説もある。『日本書紀』は、先にも触れたように乱によってこの宮がどうなったのか全く語らない。ただ天智十年十一月二十四日条には、

　近江宮に災す。大蔵省第三倉より出づと。

という記事がある。天智天皇が崩ずる八日前のことである。仁藤氏は、このときの火災は「部分的なもの」であって、大津宮が戦後早く荒廃したのは「大津宮を積極的に廃都にしてしまおうという天武天皇の方針」で、「飛鳥浄御原宮などに大津宮の用材を再利用したことなどが荒廃をさらに早める結果になったのではなかろうか」と推測している。

　ただ慎重に考える必要があるのは、これまで発掘調査が行われた大津宮の遺構は、まだ全体のごく一部と考えられており、周辺の住宅事情等もあって、この数十年でもほとんど発掘調査が進んでいないという事実である。この現状からすると、本当に大津宮は焼けなかったのか、結論を急がない方がいいように私は思う。

かつて法隆寺《ほうりゅうじ》が焼けたという『日本書紀』の「天智紀」の記事に疑問が持たれた時期があったけれども、のちに発掘調査によって焼亡と再建が証明された例なども思い出してしまうのだ。

この『日本書紀』の大津宮火災の記事は無下に否定できないようにも思う。ただ不可思議なのは、この火事が、天智天皇が崩ずる八日前に起きたとされていることである。天智の崩御が間近に迫り、すでに大海人皇子もこの宮を去っていた段階である。当時の人々にすれば、近江朝廷の衰運を予感させる不吉な火事だったに違いないだろう。大海人皇子の指令のもと行われたとまでは断定できないが、もともとこの遷都に消極的だったような勢力の仕業ではないだろうか。だとすれば、このときすでに前哨戦は始まっていたと言っても言いすぎではない。

この火災から乱の勃発まで七カ月ほど。乱が勃発した当時はまだ宮の再建は進まず、荒廃は残されたままだった可能性もあるだろう。大友皇子が最後に宮へ帰ろうとしなかったのは、そうしたことも一因だったのかもしれない。

倭姫皇后の最期は

気になるのは、倭姫《やまとひめ》皇后の消息である。夫の挽歌を作っていながら、乱ののち彼女の消息が消える。もともと『日本書紀』に登場することは少なかったが、彼女は決して凡庸な女性ではなかったし、政治的にも重要な位置にいた。乱の起きる前、病に臥せる天智が大海人皇子と最後に面会したとき、大海人皇子は、彼女の称制を進言した。その言葉からもこのことはわかる。

倭姫皇后を皇位に立て、大友皇子が摂政として政務をとる体制を、大海人皇子は病床の天智に進言した。たしかに皇位継承者がなかなか決まらない非常時は、皇族女性とりわけ先帝の皇后（皇太后）を立てて、中継ぎの天皇とする方式はかねてからよく採用されていた。直近では皇極がそうであった。倭姫の即位は結果的には実現はしなかったけれども、本人に皇位がつとまるだけの能力がなければ、こういう声は出ないだろう。大海人皇子の推薦は、彼女がそれだけの器量と能力のある女性だったことを表わしている。

それだけの人物であったにもかかわらず、なぜか乱後の彼女の足取りが摑めない。乱後も生き抜いたとすれば、天武朝以降の『日本書紀』、あるいは『続日本紀』にその後の動向や少なくとも死亡記事は載っていいはずである。『日本書紀』もこのあたりまで新しい時代の記事になると、后妃ましてや皇后であれば、死亡記事は載るのが普通である。にもかかわらず、倭姫皇后の死亡記事は『日本書紀』にも『続日本紀』にも見ることが出来ない。その陵墓の記事もない。

天智の后妃の中には、壬申の乱後の消息がつかめない人が他にもいる。ひとりが蘇我遠《お》智娘《ちのいらつめ》である。「天智紀」七年二月条によると、蘇我倉山田石川麻呂の娘で、大田皇女、持統天皇、建《たける》皇子の生母である。建皇子は先にも見たように、白雉二年（六五一年）の生まれであり、少なくともその時まで生きていたことは確認できる。仮に皇子を二十三歳で産んだとして、二十一年後の壬申の乱の時、四十四歳である。

まだいる。その妹で、同じく天智天皇の后妃になった姪娘《めいのいらつめ》である。彼女は御名部《みなべ》皇女（高市皇子の妃）と元明天皇の生母である。この人もいつ亡くなったのか、『日本書紀』や『続日本紀』に記載が無い。但し元明天皇は養老五年に「春秋六十一」で崩じたと『続日本紀』にあるから、逆算すると斉明天皇七年（六六一年）に生まれたことがわかる。少なくともその時までは母姪娘は生きていたのである。仮に元明を二十歳で産んでいるとして、十一年後の壬申の乱の時、彼女はまだ三十一歳だったことになる。

この二人については、『万葉集』巻第二の百五十四番の天智を悼む挽歌に「石川夫人《ぶにん》歌一首」とあるのが注目される。

石川夫人の歌一首

神楽浪《ささなみ》の　大山守は　誰がためか　山に標《しめ》結ふ　君もあらなくに

（神楽浪の　大山守は　誰のために　山に標縄を張るのか　もう大君もおられないのに）

この歌の作者「石川夫人」については諸説ある。「石川」とは蘇我氏のことである。蘇我氏は『日本書紀』天武十三年十一月条に「石川臣」とあるように、その頃までに氏の名を「石川臣」と改めたのであった。したがって「石川夫人」とは、蘇我氏出身の妃を指すことはまちがいない。

たとえば新編日本古典文学全集『万葉集』の注釈は、「『天智紀』には夫人と呼ばれるものが見えず、嬪の一人、蘇我石川麻呂の娘、姪娘などをさすかというが疑わしい」とし、天武の后妃で蘇我赤兄の娘の「石川夫人」のことを「さかのぼらせて呼んだものか」と推定する。しかし天武の后妃が天智の死を悼み、その挽歌を作るのは辻褄が合わず従えない。やはりこれは蘇我氏出身の天智后妃であるとしか思えないだろう。とすれば、遠智娘と姪娘のいずれかと考えられる。

この歌は天智の殯《もがり》において詠まれたものだが、この歌からすると、その時までは持統の母あるいは元明の母は生きていた可能性が高いのである。わからないのはその後ということになる。

『日本書紀』も「天智紀」・「天武紀」辺りまで来ると、皇后や后妃の死亡記事も豊富である。天智四年二月条には、先述した孝徳天皇の皇后だった間人皇女の死亡記事がある。同六年二月条には、母皇極の遺体と「小市岡上陵」に「合葬」されたことも記されている。

十市皇女の急死

天武七年四月条には、前述の十市皇女の死亡記事がある。天武天皇と額田王との間の娘で、大友皇子の正妃となった彼女は、

　十市皇女、卒然として病発し、宮中に薨《こう》ず。

とある。埋葬された墳墓の所在についても、

　十市皇女を赤穂《あこう》に葬る。

と触れられている。

さらに天武十年二月条には、

阿倍夫人薨ず。

とある。この女性は、「天智紀」七年二月条に、

阿《あ》倍倉梯麻呂《へのくらはしのまろ》大臣の女、橘娘といふ。飛鳥皇女と新田部皇女を生む。

とある天智妃の橘娘と同人物であろう。

「天武紀」十一年正月条には、

氷上夫人、宮中にて薨ず。

とある。この人は「天武紀」二年二月条にあるように藤原鎌足の娘で、天武妃となり、但馬皇女を生んだ。彼女もまた、

氷上夫人を赤穂にて葬る。

とある。

同十二年七月条には、

鏡姫王薨ず。

とある。出自の不分明な人物であるが、『延喜式』諸陵寮条には、「押坂墓〈鏡女王。在大和国城上郡押坂陵域内東南。無守戸。〉」とある。

このように『日本書紀』でも新しい時代の「天智紀」から「天武紀」・「持統紀」ころに

は、かなり詳しく皇族女性や后妃たちの死亡記事が掲載されているのである。

『日本書紀』における后妃の死亡記事

ここで歴代皇后（継体天皇以降）の死亡記事の有無を『日本書紀』と『続日本紀』から確かめてみよう（図1）。

こうしてまとめてみると、敏達の皇后広姫あたりから、皇后の死は『日本書紀』に記されるようになっているのが見て取れる。ただ用明の皇后と天智の皇后の二人は死亡記事がない。とりわけ天智の皇后倭姫の死亡記事がないのは不審に思われる。

次に皇后ではなくとも、のちの天皇の生母となる妃もいる。こうした女性の死亡記事は『日本書紀』や『続日本紀』にあるだろうか。以下にまとめた（図2）。

ここでは、押坂彦人《おしざかひこひと》大兄皇子の妃で舒明天皇の生母である糠手《あらて》姫《ひめ》皇女、それに茅渟《ちぬ》王の妃で皇極の生母である吉備《きび》姫《ひめ》王の死去が『日本書紀』にしっかり記録されていることに留意したい。二人は天皇の后妃ではないけれども、のちの天皇の生母ということで、その死が『日本書紀』に記されているのである。その反面、天智の后妃だった持統の母・遠智娘と元明の母・姪娘の死亡記事がないことに気づく。この二人は、いずれも父は蘇我倉山田

皇后の名前（夫の名前）	『日本書紀』『続日本紀』の死亡記事の有無
手白髪皇女（継体）	
春日山田皇女（安閑）	
橘仲皇女（宣化）	
石姫（欽明）	
広姫（敏達）	『日本書紀』敏達四年十一月条
額田部皇女＝推古（敏達）	『同』推古三十六年三月条
穴穂部間人皇女（用明）	
宝皇女＝皇極・斉明（舒明）	『同』斉明七年七月条
間人皇女（孝徳）	『同』天智四年二月条
倭姫（天智）	
鸕野皇女＝持統（天武）	『続日本紀』大宝二年十二月条
光明子（聖武）	『同』天平宝字四年六月条

図1　歴代皇后の死亡記事（『日本書紀』・『続日本紀』）

石川麻呂であり、皇族出身ではないものの最有力豪族の娘である。時代も舒明の母や皇極の母よりも新しい。持統と元明の生母の死亡記事が『日本書紀』にないのは不審に思える。

先ほども挙げたように、天智には全部で九人の后妃がいた。このうち死亡記事があるのは、橘娘ひとりだけ（天武十年二月条）、あとの八人には『日本書紀』や『続日本紀』に死亡記事はない。この点では倭姫・遠智娘・姪娘の三人の死亡記事がないのもそう珍しくないとも言える。

しかし天武天皇の后妃と比べてみるとどうだろう。天武には十人の后妃が

后妃の名前（子の名前）	『日本書紀』『続日本紀』の死亡記事の有無
振媛（継体）	
目子媛（安閑・宣化）	
手白髪皇女（欽明）	
石姫（敏達）	
堅塩媛（用明・推古）	
小姉君（崇峻）	
糠手姫皇女（舒明）	『日本書紀』天智三年六月条
吉備姫王（皇極＝斉明・孝徳）	『同』皇極二年九月条
皇極（天智・天武）	『同』斉明七年七月条
遠智娘（持統）	
姪娘（元明）	
元明（文武・元正）	『続日本紀』養老五年十二月条
宮子（聖武）	『同』天平勝宝六年七月条
光明皇后（孝謙＝称徳）	『同』天平宝字四年六月条
当麻山背（淳仁）	『同』天平神護元年十月条
紀橡姫（光仁）	

図2　歴代天皇の生母の死亡記事

いて、このうち六人に死亡記事がある。これと比較すると、やっぱり天智妃の死亡記事の少なさの異様さが際立つのである。時代はほとんど差はないにもかかわらず、天武妃に関する記録は多く残されているのに、天智妃の、しかも皇后と天皇の生母の死亡記事が残されていないのは不審に思われてもしようがないだろう。

『延喜式』にみえる皇后の陵墓

この三人については不可解なことは他にもある。彼女たちの墓がどこにあるのかも記録がないのだ。平安時代初期に編纂された『延喜《えんぎ》式《しき》』という書物がある。古代の種々様々な法令や制度を集成した記録集だが、このなかに諸陵寮《しょりょうりょう》条という編目がある。二官八省のなかに治部省という省があり、そのなかに諸陵寮という部署があって、全国の天皇陵の祭祀と管理を担当していた。『延喜式』の諸陵寮条は、この役所が管轄している百十九基の陵墓及びそれに準ずる皇族や皇后、后妃、摂関を務めた貴族らの墓のリストなのである。そこには、皇后や有力な皇子（聖徳太子、草壁皇子、高市皇子、山背大兄王、押坂彦人大兄皇子など）、古くは倭建命《やまとたけるのみこと》の墓なども記されている。

ここで『延喜式』諸陵寮条にみえる「皇后」について、継体天皇以降奈良時代末までまとめてみると、図3の表のようになる。

皇后であり、また天皇であった推古、皇極（斉明）、持統について、御陵の記事が『日本書紀』『続日本紀』にあるのは当然だけれども、それ以外の皇后は『日本書紀』に単独で埋葬の記事はない。但し橘仲皇女と石姫、間人皇女の三人は『延喜式』には記載はないけれども、『日本書紀』に橘仲皇女は夫の宣化陵に、石姫は息子の敏達陵に、間人皇女は

皇后の名前（夫の名前）	『日本書紀』『続日本紀』の御陵記事	『延喜式』の御陵記事
手白髪皇女（継体）		○
春日山田皇女（安閑）	『日本書紀』安閑二年十二月条 ※安閑と合葬	○
橘仲皇女（宣化）	『同』宣化四年十一月条 ※宣化と合葬	
石姫（欽明）	『同』崇峻四年四月条 ※敏達と合葬	
広姫（敏達）		○
額田部皇女＝推古（敏達）	『同』推古三十六年九月条	○
穴穂部間人皇女（用明）		○
宝皇女＝皇極・斉明（舒明）	『同』天智六年二月条	○
間人皇女（孝徳）	『同』天智六年二月条 ※斉明と合葬	
倭姫（天智）		
鸕野皇女＝持統（天武）	『続日本紀』大宝三年十二月条　※天武と合葬	○
光明子（聖武）	『同』天平宝字四年六月条	○

図3 『日本書紀』と『続日本紀』『延喜式』諸陵寮条にみえる「皇后」の御陵

母の斉明陵にそれぞれ合葬されたと記されている。手白髪皇女、広姫、穴穂部間人皇女の三人は、『日本書紀』には御陵についての記事はないけれども、『延喜式』には御陵の所在が明記されている。

また春日山田皇女は『日本書紀』には夫安閑と合葬されたとあるが、『延喜式』には夫とは別に単独の墓が存在するように記されている。

このように『日本書紀』の御陵に関する記事と『延喜式』の御陵についての記載にはまま齟齬《そご》があり、両者は別系統の史料に基づいて記しているらしいことがうかがわれる。ただここでも『日本書紀』と『延喜式』のどちらにも御陵の記事が無いのは、この表では倭姫だけなのである。なぜ彼女の墓だけ全く記載がないのか。古代の陵墓制度に詳しい北康宏氏は「原史料の成立がその没年以前であったか、その墓の所在地が不明であったかのいずれかであろう」とする。要するに明解な答はないのである。

『延喜式』にみえる天皇生母の陵墓

『延喜式』諸陵寮条には、皇后ではなかったけれども、次代の天皇を産んだ女性の墓についても詳細な記録が残されている。ここでも広く天皇の生母だった女性の墓について示し

妃の名前（子の名前）	『日本書紀』『続日本紀』の御陵記事	『延喜式』の御陵記事
振媛（継体）		
目子媛（安閑・宣化）		
手白髪皇女（欽明）		○
石姫（敏達）	○	○
堅塩媛（用明・推古）	『日本書紀』推古二十年二月条	
小姉君（崇峻）		
糠手姫皇女（舒明）		○
吉備姫王（皇極＝斉明・孝徳）		○
皇極（天智・天武）	○	○
遠智娘（持統）		
姪娘（元明）		
元明（文武・元正）	○	○
宮子（聖武）		○
光明子（孝謙＝称徳）	○	○
当麻山背（淳仁）	○	○
紀橡姫（光仁）		○

図4　歴代天皇の生母の御陵記事と陵

てみよう。

　舒明天皇の母糠手姫皇女と、皇極（斉明）の母吉備姫王は、『日本書紀』にはその死去の記事はあるが、埋葬の記事までは記されていない。しかし『延喜式』には二人とも墓の所在が記録されている。天皇の生母はそれだけの尊重を受けているのだ。

　用明天皇と推古天皇の生母堅塩《きたし》媛《ひめ》は、『延

喜式』に記事はないけれども、『日本書紀』推古二十年条を見ると、いったんどこかに埋葬されたのち、欽明天皇陵に合葬されたことが記されている。だから『延喜式』には明記されていないけれども、欽明天皇陵に葬られていることは含意されていると言っていいだろう。

そうなると、遠智娘と姪娘の墓の所在が『延喜式』に記されていないのだけが浮かび上がる。それは先に挙げた倭姫にも当てはまる。

この三人の天智の妃たちは、なぜ『日本書紀』や『続日本紀』にその死を伝える記載がなく、その墓の所在も『延喜式』や『日本書紀』などの史料に一切残されていないのだろうか。

倭姫皇后・遠智娘・姪娘の最期は

この問題を解くうえで参考になるのではないかと思われる、もうひとり墓の記載のない人物に、大友皇子がいる。第一章で述べたように大友皇子は、七月二十二日の瀬田橋の決戦で自軍が壊滅したあと、「僅かに身を免れ、逃」げた。翌日、膳所か大津宮付近の山に隠れて脱出を図っていたのだろうが、「走《に》げて入らん所無く」、「還りて山前に隠れ」、そこで自ら縊死《いし》した。このとき付き従っていたのは「物部連麻呂」と「一、二の舎人」だけだった。大友皇子の遺体は、将軍村国連男依の手に渡り、三日後の二十六日、彼の首級が美濃の不破の本陣にいた大海人皇子のもとに届けられた。

大海人皇子はその目で、それが甥の亡骸であるのを確認したのである。右の経緯からしても大友皇子は明らかに罪人扱いであり、彼の墓が伝わっていないのもそれ故であろう。

この点、古人大兄皇子や大津皇子、有間皇子といった反逆者の汚名を着せられた他の皇子たちも同様である。皇子であっても、罪人である彼らには墓はない。あったとしても『延喜式』諸陵寮条には記載されないのである。

参考になるよく似た例では、謀反の罪で処刑された大津皇子の墓がある。のちにも触れるように大津皇子は父天武天皇が朱鳥《しゆちょう》元年九月九日に崩御した直後、十月二日に謀反の罪で逮捕され、翌日処刑された。年は二十四であった。彼の遺体がどう扱われたのか『日本書紀』は一切語らぬが、『万葉集』巻第二の百六十五番の姉大伯《おおく》皇女の歌の詞書にこうある。

大津皇子の屍《かばね》を葛城《かつらぎ》二上山に移し葬る時、大伯皇女の哀傷して作る歌二首

うつそみの　人なる我や　明日よりは　二上山を　弟《いろせ》と我が見む

皇子の亡骸は二上山の上に葬られたのだという。しかしその墓は『延喜式』諸陵寮条には掲載されず、公的な祭祀の対象ともならなかった。あくまで反逆者として処刑されたからである。

ここまで読んでこられた読者には、倭姫皇后と遠智娘と姪娘に墓の伝承がないのも、これと同様の事情からではないかと察しがつかれるであろう。この三人の后妃の墓の記載が『延喜式』にないのは、彼女たちが壬申の乱で最後まで近江朝廷方に属したからではないだろうか。死亡記事が『日本書紀』にないのも、彼女たちの非業の死を示唆していよう。壬申の乱直前までは彼女たちが生存していたことは、『万葉集』の天智挽歌をみれば明らかである。その後、杳として消息が途絶えるのは、やはり戦乱に巻き込まれて命を終えたことを示すものと思える。

倭姫皇后に関しては、既に国文学者の井村哲夫氏が、

「一代の覇者天智天皇の皇后でありながら、いつ薨じたのかさえ正史に記録されていない皇后、その御陵の有無すら定かでない。空想すれば、壬申の兵火のさなか、燃え移る大津宮の梁の下に薄倖の生涯を閉じて、葬るべき一髪をもあとに留めなかったのであろうか」

と述べている。本章の主旨はこれと近い。併せて持統・元明の母親もまたこの戦乱で命を落とした可能性のあることを指摘したいのである。

夫に殉じる女性たち

夫や主人を亡くした女性が自経して殉ずる例は幾多ある。先にも引用したが吉野に退居したのち、謀反の罪で襲撃された古人大兄皇子のときも、「或本」に曰くとして、

古人大兄と子とを斬る。その妃妾、自ら経死《わなきてみう》す。

とある。古人大兄皇子とその子は罪人として斬られた。妃たちは罪を問われたわけではないが、夫のあとを追って自ら亡くなったのだった。

蘇我入鹿らに斑鳩の邸宅を襲われた山背大兄王の時も同様だ。

終《つ》ひに、子弟妃妾とともにひと時に自ら経して倶《とも》に死す也。

とある。子弟、妃たちも皆、山背大兄王と共に亡くなったのだった。

蘇我倉山田石川麻呂がやはり謀反の罪で討たれた時も、本人は、

自経して死す。

妻子は、

妻子殉死する者八。

とある。また、

三男、一女と倶に自ら経て死せぬ。

ともある。

まだある。のちのことではあるが、天武の皇子の大津皇子が謀反の罪で死罪とされた時、妻の山辺皇女は後を追ってすぐ亡くなった。

妃皇女山辺、髪を被《みだ》して徒跣《そあし》にして、奔《はし》り赴《ゆ》きて殉ず。見る者皆歎欷《すすりな》く。

（妃皇女山辺は、髪を振り乱し、素足のまま、駆けつけて殉死した。見た人は皆すすり泣いた）

女性たちは捕らえられても死罪となることはないが、自ら死を選び、夫や主人に殉じているのである。これらの例からも、天智の后妃たちの多くが、近江宮の滅亡とともに、そのあとを追って自死を遂げた可能性の高いことが推測されよう。そのなかに持統の母と元明の母がいたのではないか、と考えられるのだ。これまで倭姫皇后の死については、先に触れたように一部に推定されてきたけれども、持統の母、元明の母までも、壬申の乱で命を失ったのではないかという見解が議論されたことはおそらくなかったように思う。しかしここまで見てきた根拠からすると、大海人皇子方に殺されたのではなく、自ら命を絶った蓋然性が高いように思うのである。

彼女たちは宮に留まっていれば、やがてここを占拠した大海人軍の者に捕らわれ、命は助けられたはずだ。第一章で見たように朝廷の大臣や大納言のような高官でも流罪とはなりながらも、命を助けられているのである。敵方に殺されたのではなく、大津宮が戦火に滅んだのでもないならば、この都の滅亡に殉じて彼女たちは自ら死を選んだ可能性が最も高いのではないだろうか。

大友皇子のほんとうの最期

大友皇子の最期についても不可解なところがある。瀬田の橋の決戦に敗れて、近江方の首脳は散り散りになり、左右大臣も群臣たちも大友皇子の側にはいなかった。翌日大友皇子が自殺した時、付き従っていたのは物部《もののべの》連《むらじ》麻呂《まろ》とあと一、二の舎人だけだったという。他の首脳はどうしていたのか。ひと月後、右大臣中臣連金は浅井郡田根《たね》で処刑されたが、あとは左大臣蘇我臣赤兄と大納言巨勢臣比等はその子孫とともに流罪、中臣連金の子、蘇我臣果安の子も流罪となった。先にも述べたように、意外にも多くの者が命を助けられた。

それにしても、ひと月後まで左右大臣・大納言は生き延びていたのだし、処刑された中臣金も瀬田から湖北の浅井までひと月にわたって逃亡しているのである。一方の皇子は最後まで付き従っていたのが物部麻呂とあと一、二の舎人だけだった。これは何を意味しているのだろうか。

最後まで皇子のもとにいた物部麻呂の行動も不審だ。物部麻呂は、のちの左大臣石上朝臣麻呂である。乱後に彼は一大出世を遂げる。

北山茂夫氏はこう言う。

「おそらく物部連麻呂は大友太子の首級を奉持して、それを将軍男依の手に引き渡したのであろう。大海人軍が探索の末、それをさがしだしたのではないとおもう。物部連麻呂が、天武朝で重く遇せられたのもそのためであろう。元正朝の左大臣石上朝臣麻呂がその人である」

坂本太郎氏も『日本書記』の記事に疑問を呈す。

「麻呂はどういう縁で、皇子の側近にいたのであろうか。天武天皇方のスパイとして潜入していたのか。皇子の自経を見て急に心変わりしたのか。それを『従う』という語法で表すであろうか。何としても言葉が足りない。歴史記録としてははなはだ不完全という外はないのである」

さらに不可解なのは、大友皇子の首が不破にいる大海人皇子のもとに届けられていることである。他の近江朝廷の重臣たちは死刑に処された者はいても、その首級が不破の大海人皇子の下にまで届けられた者はない。大海人皇子は自分の眼で大友皇子の首を確認するまでは不安だったのか。或いはよほど大友皇子に憎悪をたぎらせていたのか。今となってはその真意は推し量り難い。

ただひとつ言えるのは、大友皇子は最期を大津宮で迎えたわけではなかったということ。言い換えると、彼は倭姫皇后や遠智娘と姪娘といった後宮女性たちのもとには戻らなかった。その終焉は別の所で迎えたのである。

崇福寺と近江大津宮

大津宮の北郊に「崇福寺《すうふくじ》」、別名「志《し》我《が》山寺《さんじ》」という寺があった。『扶桑略記』によれば天智天皇の建立にかかるとされ、国家から「食封《じきふ》」（国から与えられた俸給）を受けていた。

『扶桑略記』天智天皇七年条。

七年戊辰正月十七日。近江国滋賀郡に崇福寺を建つ。

同書には、この伽藍《がらん》について「五間檜皮葺《ごけんひわだぶき》」の「金堂一基」と「講堂一基」、それに「小金堂」、「三重寶塔一基」、「僧坊」二基などが営まれていたという。そして金堂には「弥勒《みろく》丈六一軀併脇侍二菩薩」、講堂には「薬師仏《やくしぶつ》一軀併脇侍二卉像」、小金堂には「阿弥《あみ》陀仏《だぶつ》一軀併脇侍二菩薩像」、三重寶塔には「四方仏《しほうぶつ》脇侍二菩薩像」が備えられていた。なかなかの大堂宇であった。大小二つの僧坊があったことからも、僧侶も多くいたらしい。

寺号は当初、天智天皇が造立を発願した時点では「志賀山寺」であったのが、のち奈良時代になって崇福寺とも名乗るようになった。その創建（造立工事の開始）は『扶桑略記』には天智七年とあるが、天智が崩じるのはその三年後である。古代仏教史研究の櫻井信也氏も言うように、その後造立事業は大友皇子に引き継がれたのであろう。事業は壬申の乱を経てもなおも継続し、文武朝になって国家が援助の手を差しのべた。

天武朝以後もこの寺は「食封」を受け続けたが、天武九年に高市大寺や川原寺など「国の大寺」以外の寺は、以後三十年は「食封」を賜ることができるが、これを過ぎると「食封」は停止されるという勅がでた。その三十年が経過した和銅三年、ついに崇福寺は「食封」の支給を停止された。それでもこの寺が高い評価を受けていたことは変わらない。『延喜式』巻二十一の玄蕃寮《げんばりょう》条には、この寺では、悔過《けか》の儀礼（過去の罪業を懺悔し、福を積むための仏事）が行われていたことが記されている。

　凡そ崇福寺では毎年四月十二月に悔過各三日〔四月十三日。十二月三日始めて行なう〕。

　四月十三日は草壁皇子の命日。十二月三日は天智の命日である。櫻井氏は、この両日に行われていた悔過法会とは、天智天皇と草壁皇子の追善のための法会であり、これを始めたのは持統天皇であったことを明らかにした。

　それにしてもなぜ草壁皇子の追善法要を、持統は近江の崇福寺で始めさせたのか。近江の都と草壁皇子とにそれほどのゆかりがあったとも思えない。持統にとって天智は

崇福寺跡（photo: Takanuma）

父。草壁皇子はただ一人の己が子である。大切な存在であることは言うまでもないのだが、なぜ草壁皇子の追善を毎年、この近江の都の側のこの寺でやらせたのかは、課題として残っている。

第七章　女たちの「戦後」――和解と祈りの歌

新政権の誕生

戦いが終わり、都は飛鳥に戻った。九月に大海人皇子は飛鳥の都に戻り、翌年二月に正式に皇位についた。このとき朝廷の上層部とともに中下級の官人、後宮に仕える女性たちも新たに募集され、一新された。『日本書紀』天武二年五月条に詔が収められている。

　詔して公卿大夫《まえつきみたち》と諸の臣・連・伴造らに曰く「それ初めて出身せん者は、先づ大舎人《おおとねり》に仕へよ。然《しか》る後にその才能を簡選《えら》びて、以て当職に充てよ」。

（公卿大夫と諸の臣・連・伴造らに詔して曰く「そもそも初めて朝廷に出仕しようと思う者は、まず大舎人として仕えさせよ。その上で各人の才能を選考して、適任の職に就かせよ」）

男子は採用されると、まずすべて大舎人を経験したのち、適性を見極めたうえで各官司に割り振られることになった。

女子の採用についても規定が作られた。

「又、婦女は夫有ると夫無きと、及び長幼を問わず、進仕を欲する者は聴《ゆる》せ。その考選は官人の例に准《なずら》へよ」

（「又、婦女は夫の有る無し、そして長幼を問わず、出仕を希望する者は受け入れよ。その人事考課は官人の例に准じて行ないなさい」）

女子の出仕は、未婚、既婚、長幼問わず希望者は採用せよ、と言っている。女子は男子以上に広き門だったのである。やはり男たちよりも後宮に仕える女性たちは人が不足していたようだ。

「新たに天下を平らげ、初めて即位す」

以下はこれまで指摘する研究者はいなかったように思うが、天武はこの戦いに勝利し、即位したあとも、勝利宣言のようなものも即位宣言のようなものも、言挙げをしていない。少なくとも『日本書紀』には記されていない。自分はどういう経緯で近江朝廷と戦い、どこに自分の正当性があるのか、即位後、これからどういう方針のもとに政治を執り行うつもりをしているのか、諸豪族たちに明らかにしなかったのだろうか。

私は本当はそうした表明を天武は豪族たちに向かってしたのではないか、『日本書紀』がこれを記していないのではないか、とも思うのだが、それには当たらないものの、天武初年当時の感覚を残す唯一の記事として『日本書紀』の天武二年八月条を挙げたい。この時、新羅が天武の即位を祝う「賀騰極使《ひつぎよろこぶつかい》」という使者を送ってきたのだが、これに対する返答がそれである。天武の自己認識を表わしているようで興味深い。

「天皇、新たに天下を平らげ、初めて即位す。これによりて唯、賀使を除きて以外は召さず」

(「天皇は、新たに天下を平定し、初めて即位された。これによって唯、お祝いの使者を除いてはお召しにならない」)

「新たに天下を平らげ、初めて即位す」――この言葉に「新王朝」の創始を見ても大げさではあるまい。こういう認識だったのである。ただこれは、新羅よりの使者に対する天武の言葉であって、国内の豪族たちに示したものではない。けれども、こうした趣旨のより詳細な詔を、『日本書紀』にはないものの、実際は発布したのではないかと私は考えている。

天武は即位しても、左大臣・右大臣を任命しなかった。これは亡くなるまでの十三年間、一貫している。言い換えれば、これらの地位に就くべき大豪族を政権の中枢から遠ざけたのだった。事実上の天武による専制政治であった。こうした政権が、壬申の乱後に成立したのであった。

このいくさで大海人方の軍は自軍と敵軍とを見分けるため、「赤色を以て衣の上に着」け、これを味方の目印にしたとあり、『古事記』序文や『万葉集』の柿本人麻呂作の高市皇子の挽歌には、大海人軍は赤い旗を使ったともある。これは漢の高祖劉邦が、赤い幟を使った故事に習ったものといわれる。劉邦がライバル項羽と戦った時、赤い幟を用いたのは、五行思想により漢を火徳と位置付けたからではないかとされている。劉邦が秦に代わる新しい王朝の創始者であることは言うまでもない。

また天武天皇の和風諡号《しごう》である「天渟中原瀛真《あまのぬなはらおきのま》人《ひと》天皇」に「道教の道を悟った貴人」という意味があることに加えて、天命を受けて革命を起こす人という意味もあることを、中国学の吉川忠夫氏が明らかにしている。壬申の乱に勝利して皇位を勝ち取った天武にふさわしい諡号であると言えるであろう。

これらの点を勘案すれば、壬申の乱——大海人皇子による近江朝廷の軍事打倒——は、その後の日本史にも稀な〝成功した反乱〟であったと言っても過言ではないと私は思う。

遺された女性たち

後宮も今見たようにその顔触れは大きく変わった。その主も天智天皇の皇后であった倭姫から、鸕野皇女（持統）に替わった。二年四月、天武と大田皇女の間の娘、大来（伯）皇女が伊勢の斎宮に選ばれ、翌年に下向した。伊勢の大神すなわち天照大御神は、壬申の乱の際、吉野から伊賀、伊勢と急いだ大海人皇子一行が、遠く望拝した神だ。即位後、天武はこの神を厚く遇した。

かつての近江の朝廷で華やかに活躍した額田王は健在ではあったが、天武朝以後は宮廷からも歌の世界からも一線を退いたものと見られている。娘の十市皇女は、天武四年二月、鸕野の異母妹の阿閇《あへ》皇女（のちの元明天皇）と伊勢神宮に参向した。しかし天武七年四月に彼女は急死する。

　十市皇女、卒然として病発し、宮中に薨ず。

残された愛息葛野《かどの》王は十歳ほど。「卒然として病発す」とあるように突然の病死であった。『万葉集』巻第二には、その死を切々と悼む高市皇子の愛情をこめた挽歌が収められている。夫大友皇子を失ったあと、十市皇女には高市皇子が新たな心の拠り所となっていたのではないか、はっきりいえば新しい恋人だったのではないかという説もある。そして皇女の急死は、この恋愛を妨害しようとした父天武への抗議の自殺だったのではないか、という説も有力視されている。

壬申の乱の被害者のひとりとしての十市皇女の後日談が悲しい。

天智系皇族の行く末

大友皇子の弟たちにとっても天武朝の朝廷は生きにくいところであった。『日本書紀』の記載によれば、天智天皇の皇子は全部で四人いたことになっている。ただ本当に天智の男子は『日本書紀』に記されるだけだったのか。疑わしい点もある。

というのは、天智天皇の皇子の「志貴《しき》親王」の薨伝《こうでん》（『続日本紀』霊亀《れいき》二年八月条）に、

親王は天智天皇の第七の皇子なり。

とあるからである。先に記したように、『日本書紀』には天智天皇の男子は長男の大友皇子、二男の建皇子、三男の川島皇子、四男の施基皇子（志貴親王）の四人しか記されて

いない。にもかかわらず、『続日本紀』の志貴親王の薨伝には「第七皇子」とあるのである。これは史料には残されていない天智の皇子がまだ他に三人存在した可能性を示していよう。壬申の乱の犠牲になった皇子がいたのではないか、あるいはその後の天武朝の宮廷で天皇の逆鱗に触れ、粛清された皇子がいたのではないか、との推測をさせるのである。

たしかに川島皇子と施基皇子、この二人の皇子、特に年長の川島皇子にとって、天武朝の朝廷はいささか逆風だったようである。彼の名が史料に最初にみえるのは、天武八年五月、当時二十三歳。この前後の貴族の政界デビュー年齢がおおよそ二十歳であるのと比較すると、やや遅いのは否定できない。しかしあることをきっかけにこれ以後は、重職に起用されるようになる。これがいわゆる吉野盟約である。

吉野盟約とは

『日本書紀』天武天皇八年五月、天武天皇は鸕野皇后と六人の皇子を伴って吉野に入った。天武にとって吉野は苦難の冬を過ごした忘れがたい地であったが、即位して後は初めての行幸、その後はここへ戻ることは無かった。この点でも因縁の地へなぜ再び来たのか、その重要性が察せられるが、ここで天武は六人の皇子——草壁皇子・大津皇子・高市皇子・

河嶋（川島）皇子・忍壁皇子・芝（施）基皇子——と皇后と共に或る盟約を守ることを誓う。これが自身の後継者に草壁皇子を事実上定めたものと解するのが通説である。たしかにその通りなのだが、これにはもうひとつの意味があるように思われる。

五月、庚辰朔の甲申、吉野宮に幸す。乙酉、天皇、皇后と草壁皇子尊・大津皇子・高市皇子・河嶋皇子・忍壁皇子・芝基皇子に詔して曰く「朕、今日、汝等《いましたち》と倶《とも》に庭に盟《ちか》ひて千歳の後まで事無からしめんと欲す。いかに」。皇子等共に対して曰く「理実《ことわり》、灼然《いやちこ》なり」。則ち草壁皇子尊、先に進み盟ひて曰く「天神地祇及び天皇証《あきら》めたまへ。吾が兄弟長幼併せて十余王、各《おのおの》異なる腹より出たり。然《しか》れども同じきと異なるを別たず、倶《とも》に天皇の勅の随に相扶《あいたす》け忤《さか》ふこと無し。若し今より以後、この盟の如くならずば、身命亡び、子孫絶えん。忘れじ。失《あやま》たじ」。五皇子、次を以て相盟ふこと、先の如し。然る後、天皇曰く「朕の男等、各異なる腹に生まる。然れども今、一母同産の如く慈《めぐ》まん」。則ち襟を披《ひら》き、その六皇子を抱く。因て以て盟ひて曰く「若しこの盟に違はば、忽《たちま》ち朕が身は亡ばん」。皇后の盟、また天皇の如くす。丙戌《ひのえいぬ》、車駕《すめらみこと》、宮に還る。

（五月、庚辰朔の甲申、吉野宮に行幸された。乙酉、天皇は皇后と草壁皇子尊・大津皇子・高市皇子・河嶋皇子・忍壁皇子・芝基皇子に詔して曰く「朕は、今日、汝等と倶にこの庭に盟を立てて千歳のちまで事の起こらないようにしたいと望む。如何か」。皇子等は共に答えてこう言った「道理は真にごもっともでございます」。そこで草壁皇子尊が、先に天皇の前に進み出てこう言った。「天神地祇及び天皇よ、お聞きください。吾が兄弟長幼併せて十余王、各々母は異なっております。然れども母が同じか違うかにかかわらず、ともに天皇の勅に従ってそれぞれ扶《たす》け合い、逆らうことはありません。もし今より以後、この盟いのようにならなかったならば、私の身命は亡び、子孫は絶えることでしょう。忘れることはありません。間違いはいたしません」。残りの五皇子は、順にこのことを盟った。その後に、天皇はおっしゃった。「朕の息子たちは、各々異なる母から生まれたが、今、同じ一人の母から生まれたように平等に慈もうぞ」。こうして衣の襟《えり》を披き、その六人の皇子を両手に抱いた。そうして盟っておっしゃった。「もしこの盟約に違わば、忽ち朕が身は亡びるであろう」。皇后もまた天皇と同じように盟われた。丙戌、天皇は、飛鳥の宮に還られた）

　この一年十カ月後の天武十年二月、草壁皇子は正式に立太子する。この盟約はこれに先立ち、あらかじめこのことを他の皇子たちに納得させ、互いに助け合うことを誓わせたものとみられている。草壁がまず歩み出て誓っていることからも、明らかであろう。当時、草壁皇子は十九歳とみられ、大津皇子はその一歳下、長男の高市皇子は二十六歳であった。草壁の立太子は成人を待って行われたものであり、その前に無用の争いを生まぬよう、という配慮から、この盟約が交わされたのであろう。これは冒頭に天皇が「朕、今日、汝等と倶に庭に盟ひて千歳の後まで事無からしめんと欲す」と言っていることからも明らかだ。

　そしてこの言葉が壬申の乱を踏まえていることは言うまでもない。皇位をめぐる骨肉の争いが二度と繰り返されぬように、という彼の切なる願いをここに見ることができる。

天智系皇族との和解・宥和

　この盟約について、二十三年前に私は論文を書いている。そこで着目したのは、これに参加した六人の皇子の中に、天智の皇子が二人――川島皇子と芝基皇子――含まれていることである。

「朕の男等、各異なる腹に生まる。然れども今、一母同産の如く慈《めぐ》まん」と言いながら、天武はそこには自分の子どもではない、天智の息子を二人同席させているのである。天武には全部で十人の息子がいたから、天智の遺児には皇位継承の可能性などほとんどなかったし、その望みも持っていなかったであろう。草壁の立太子を決めるにあたって、特に彼らの同意を得る必要もないはずなのだが、なぜか天武はその場にこの二人を招いた。そして自分の息子と同じように「一母同産の如く慈まん」と誓い、両手を広げ、抱き寄せたのであった。

事実、この二人はこの盟約以後、天武に重用されるようになる。二年後、川島は「帝紀及び上古の諸事」の「記定」事業――のちの『日本書紀』につながる史書編纂――のトップに任命される。またのちに天武の皇女泊瀬部《はつせべ》皇女を娶り、天武の娘婿となる。盟約のとき最年少の芝基皇子はまだせいぜい十五歳くらいであったとみられるが、のちにはやはり天武の皇女多紀《たき》（託基）皇女を娶り、持統三年には「撰善言司《よきことえらぶつかさ》」という官司のトップに選ばれている。二人が共に天武の娘を娶ったのは、息子のように愛そうと誓った天武が実際に娘婿とすることによって、約束を守ったものと言えるだろう。特に川島皇子は政界デビューが二十三歳とやや遅咲きだった分、以後の活躍が目覚ましく感じられる。

これらから、私は吉野盟約にはもう一つの意味合いがあったことを推測した。それはこれまでやや冷遇してきた天智の皇子たちとの和解・宥和である。天武は、壬申の乱因縁の地、吉野において将来二度とこのような皇位継承をめぐる戦争の起きないことを願って、あらかじめ草壁皇子を後継者とすることを表明し、これとともに七年前のこの戦乱のわだかまりを乗り越え、これまでいささか冷遇してきた天智の皇子たちと和解し、これからは積極的に彼らを登用していくことを誓ったのである。つまりこの吉野盟約は、第二の壬申の乱を防ぐためのものであると同時に、壬申の乱の戦後処理を完結するためのものでもあったのだ。

乱が終わって七年、ようやく天武の心にも雪解けが生じたのであろうか。ただ思うのは、このときの持統の心境である。皇后である彼女もこの場にいた。そして「皇后の盟、また天皇の如くす」。この六皇子を「一母同産の如く慈まん」と誓い、「若しこの盟に違はば、忽ち朕が身は亡ばん」と誓ったのである。彼女にすれば、我が子草壁皇子の後継者指名が事実上決まったことは喜ばしかったであろう。しかし一方でこのように誓わされた心境は複雑だったに違いない。彼女にとっては己がお腹をいためて産んだ草壁と他の皇子たちを同じように愛することなど、できようはずがないではないか。両手をいっぱいに広げて六人の若者を抱きかかえ、いささか自己陶酔気味に（おそらく）涙を流していた夫の背中を、持統は醒めた眼で見ていたと私は思う。

持統の非情

事実その七年後、天武が崩御した直後に、彼女は息子草壁皇子のライバルであった大津皇子を電撃的に謀反の疑いで逮捕し、処刑した。草壁皇子は既に立太子しており、父の崩御の後、すぐに即位すればよかったのだが、そうはならず大津皇子が殺され、持統が称制（正式即位はせずに天皇の臨時代行を行なうこと）することとなった。その三年目に草壁は二十八歳の若さで夭折する。天武崩御のあとすぐ即位しなかったのは、以前から病弱だったからだろうと推測される。

持統としては少々無理にでも即位させたかっただろうけれども、それも難しい状況だったのだろう。そうなると、ひとつ違いの弟で、文武に優れた大津皇子の即位の芽も出てくる。持統が大津を陥れ、自ら称制を行ったのはそうした事情からであろう。結局、草壁皇子の病状は改善することなく亡くなり、そのあとに持統が正式即位することになった。わが子の即位を念願していた持統にとっては、自らの即位は意図せぬことであったろう。それでも彼女は次の目標を定める。草壁の忘れ形見である孫軽皇子の即位である。このとき七歳だったこの子が成人し、自ら皇位を譲る日まで彼女は頑張ろうと決意して即位したに違いない。

このあたりは持統の非情さとその不屈の精神が最も表われた事件といえる。即位を前にした我が子の死は、彼女にとって最大の苦難であり、絶望的な出来事だったのではないか。彼女は我が子の死に際しどのような心境だったのか。歌にすら表していないのは逆にその痛哭を感じさせる。それをまた乗り越える強さが持統にはあった。

生前の天武は自分亡き後、ここまでの政治力を妻が発揮するとは思っていなかったのではないか。田辺聖子氏が「小さい時から、身の回りで冷厳な政治の現場を幾つも見てきた、その中で鍛え上げられてきた彼女の資質」というのもよく理解できる。父天智譲りの冷酷さを見る思いがする。

一方でこの盟約に天智の皇子を交えた事に関しては、持統から夫へのはたらきかけもあったのではないかと想像する。何と言っても持統は天智の皇女である。母は異なるが、川島皇子、芝基皇子の姉でもある。天武が天智系皇族と宥和する決意を固めた背景には、持統の勧めもあったとみたい。

持統朝という時代において、壬申の乱はどのように認識されていたのだろうか。というより、即位した持統天皇自身にとって、壬申の乱とは何だったのだろうか。

持統はこの戦いにおいて、夫大海人皇子と苦難を共にし、これによって結果的に二人の

絆はより強まったものと思われる。「持統称制前紀」は、この時、彼女が、

旅につげ、衆《いくさ》を会《つど》へ、遂にともに謀《はかりごと》を定む。

(軍兵に告げて集結させ、共に謀計を定められた)

と記している。これによると戦いの計画、実行に深く関わったようにみえる反面、私の推測が正しければ、この戦いで彼女は母を失ったのである。そこには口に出せぬ真情があったに違いないだろう。近江の都への思いもまた愛憎ない交ぜになっていたのではないだろうか。

春の湖畔を旅する

壬申の乱から二十年余り経った持統朝の始めころのある春の日、霞の立つ朝の頃あい、今は訪れる人も少ない近江の廃都辺りを歩く、一人の若い貴族の姿がうかがえた。今そこにかつて都があった痕跡はほとんどない。山際の少し小高い所に立って東を見下ろしても、都の名残りとも言うべき寺の甍《いらか》がいくつか散見されるほかは、一面の田とその向こうに穏やかな湖水が光っているのが望めるばかりである。彼はまだ若く、この都で過ごした思い出は無かった。かつての都はこの辺りかと、近くを行く人々に尋ね歩く姿を、何人もの村

人が目にしていた。

彼にはこの旧都を訪れることが目的ではなかった。その先には一族の氏神である小野神社が和邇《わに》の地にある。あるいはここへの参詣が目的だったのかもしれない。それでも春霞の中、かつて都があったとされる地に立つと、若い彼にもある懐旧の情がやみ難く迫ってきた。滅び去ったものへの懐旧の情が胸に溢れるのをどうしようもなかった。彼は立ち去りがたい今の思いを歌にすることを思い立ち、それを持統天皇に披露しようと決意した。まだその御前で歌を披露した経験はなかったが、持統にこの光景を伝え、聞いていただきたいと思った。

この若き詩人——柿本人麻呂がこの近江の廃都を訪れ、そのとき覚えた感慨を長歌に詠んだ。柿本氏は、雄族和珥《わに》氏と同祖の関係にある氏族で、本拠は大和国添上郡柿本。天武十三年十一月に朝臣姓を賜った。

人麻呂は生没年ともに不詳だが、持統朝から元明朝前後ころに活躍したとみられる。『万葉集』以外には現れないため、その官位なども不明である。しかし、草壁皇子の挽歌を作っていること（『万葉集』巻第二の百六十七～百七十番）から、かつてこの皇子の舎人を務めていたと推測される。

この「近江荒都歌」は、現在伝わっている彼の歌のなかでおそらく最も初期の作品とされる。巻第一の二十九番に収められている。我々はこの長歌が、藤原宮の宮廷の持統の御前で披露された場面を思い描いてもいいだろう。人麻呂にとっては最初の晴舞台であった。

近江の荒れたる都を過ぐる時に柿本朝臣人麻呂が作る歌（割注の異伝は省略した。）

玉だすき　畝傍の山の
橿原の　聖《ひじり》の御代ゆ
生《あ》れましし　神のことごと
つがの木の　いや継ぎ継ぎに
天の下　知らしめししを
天《そら》にみつ　大和を置きて
あをによし　奈良山を越え
いかさまに　思ほしめせか
天離《あまざか》る　鄙《ひな》にはあれど
石《いわ》走る　淡海《おうみ》の国の
楽浪《ささなみ》の　大津の宮に

天の下　知らしめしけむ
天皇の　神の尊《みこと》の
大宮は　ここと聞けども
大殿は　ここと言へども
春草の　繁く生ひたる
霞立ち　春日の霧《き》れる
百敷《ももしき》の　大宮所　見れば悲しも

（玉だすき　畝傍の山の　橿原の　日の皇子の御代から　お生れになった　すべての天皇が　栂の木のように　次々と　天の下を　お治めになった　天にみつ　大和を置いてあおによし　奈良山を越え　どのように　お思いになったのか　天離る　鄙ではあるが石走る　淡海の国の　楽浪の　大津の宮に　天の下を　お治めになった　天智天皇の神の尊の　大宮は　ここにあったと聞くけれども　大殿は　ここにあったと言うけれども　そこは春草が　生い茂り　霞が立ち　春の日がおぼろげに霞んでいる　百敷の　大宮のあった所を　見れば悲しいものだ）

柿本人麻呂の近江荒都歌

壬申の乱から二十有余年。久しく廃墟となった近江の都を訪れる貴族・官人も稀であった。この長歌によってそこが廃墟と化していることを初めて知った貴族たちも多かったと思われる。

〈大宮はここだと聞くけれども、大殿はここにあったというけれども、そこは春草が生い茂り、霞が立ち、春の日が朧に霞んでいるばかり〉

このような有り様になっていると知った持統を始めとする王侯貴族たちは、粛然たる思いにとらわれたことだろう。乱から二十年余りの歳月を経て、その懐旧の情は複雑なものがあったに違いない。この廃墟に立った人麻呂の感慨も同じであった。その思いは自ずとさらに古い時代へ遡る。近江朝以前の遠い御世へと。

〈玉だすき　畝傍の山の
橿原の　尊き初代天皇の御世から
代々お生まれになった　歴代天皇が
つがの木のように　次々と栄えながら
そこで天下を　治められたのに〉

『記・紀』をひもとけば、実際には大和ではなく、河内や難波に宮を置いた天皇もいたというが、ここではそのようなことは重要ではない。これまで代々受け継がれてきた大和の都を離れ、天智は革命を起こすかのように遠い近江に遷都した。その常識に囚われぬ大胆さは、人麻呂の胸にも残る。やはり人並外れた王であり、英雄であった。凡人の理解を越える判断力がある。

近江という国は琵琶湖という宝庫を抱えた豊かな国で、交通の要衝でもある。そこに目を向けたのは天智の慧眼でもあった。しかしそれでも近江の都は亡び、今は寂しい廃墟となってしまった。遷都の真の理由は今となっては判別しがたい。

〈いかさまに　思ほしめせか（どのように思われてか）〉

美しい湖面の輝きに見惚れながらも、天皇は何を思って飛鳥から遠いこの湖畔の地へ、都遷りされたのか。その叡慮が人麻呂には思い及ばなかった。神武以来の歴代が都を定めてこられた大和の地をなぜ離れられたのか。

〈都から遠く離れた鄙ではあるが、石走る近江の国〉

のその、

〈楽浪の　近江の宮に　天の下　治めしけむ　天皇の　神の尊〉

が都をお建てになったのだった。それが今ではこのように……。

この歌が披露された席の上座には持統がましまし、妹の阿陪皇女もいたはずである。大友皇子の最期を見届けた石上朝臣麻呂（物部連麻呂）もいたに違いない。あの都を知る者、知らぬ若者、感慨はそれぞれであったろうが、私はどうしても持統の気持ちを思わずにはいられない。

この歌は、日本文学史上初めて「廃墟を歌い上げた」詩であると言われる。また「移り変わる時の流れに対する感動」を歌った詩だともいわれる（益田勝実）。あるいはまた近江という新しい都に樹立された天智朝という「ひとつの王統（王朝）の終焉をうたった」歌だともいわれる（身崎寿）。いずれも真実をついているだろう。『万葉集』屈指の名作であることは衆目の一致するところ。人麻呂の処女作とも出世作ともいわれるこの歌は、どういう経緯でいま『万葉集』に収められているのか。

『万葉集』と持統天皇

全二十巻、全部で約四千五百首に及ぶ歌を掲載する『万葉集』という一大歌集を最終的に完成させたのは大伴家持《おおとものやかもち》であるが、すべてを彼一人がまとめあげたのではない。『万葉集』全二十巻は、一世紀以上の長い時間の中で形成されてきたものであった。とりわけ巻第一と第二は、実は家持が生まれる以前にまとめられたもので、もともとは白鳳期に持統天皇や元明天皇によって編まれた勅撰集がその原型であったとみられている。そこで巻第一と巻第二をそれぞれ「持統万葉」、「元明万葉」と呼んだり、あるいはこれらをまとめて「原型万葉」と呼んだりもしている。

以下、万葉学者伊藤博氏の研究によりながら、あらためて持統・元明による勅撰歌集の編纂について確認しておきたい。

万葉集の巻頭の歌は、雄略天皇の作である。

籠《こ》もよ　み籠持ち　掘串《ふくし》もよ　み掘串持ち　この丘に　菜摘《なつ》ます児　家告《の》らせ　名告《なの》
らさね　そらみつ　倭《やまと》の国は　おしなべて　我こそをれ　おしなべて　我こそ座《ま》せ
我こそは　告《の》らめ　家をも名をも

（籠よ　立派な籠を持ち　掘串も　立派な掘串を持ち　この岡で　菜を摘んでおられる
娘よ　家がどこか教えてくれ　名前を教えてくれ　そらみつ　大和の国は　ことごとく
私が平らげている　ことごとく　私がいるのだ　私こそ　教えてやろうぞ　家のありか
も名前をも）

本当に雄略の作った歌かどうかはわからぬが、時代の一つの画期ともされていたこの天皇の歌からこの歌集は始まる。次が舒明天皇の国ほめの歌。舒明といえば、天智・天武の父であり、以後の皇統の祖となった天皇である。この二人のいささか伝説的な歌から始まるのだ。次はその皇后であった皇極天皇、重祚して斉明天皇の歌。以降、天智・天武・持統と各天皇の御代ごとに作られた歌が掲載される。時代順なのである。このような掲載の仕方は巻第一と第二にしかない。巻第二以降はこれに加えてジャンル（部立という）ごとの分類もあるが、巻第一はすべて「雑歌《ぞうか》」という一括りになっている。この点に注意したい。

　巻第一には八十四の歌が収められているが、五十三番歌までとこれ以降とではまとめられた時期が違うとされる。いま述べた「〜天皇の代」という分類は五十三番歌までで終わる。その掉尾にあたる五十二番・五十三番歌は、藤原京造営のために働く人々のこの京を讃える歌である。藤原京の造営は、持統四年十月に着手され、八年十月に完成し、遷都した。それから程遠からぬ時期——持統が即位十年で皇位を退いて太上天皇となった晩年——にこの勅撰集は編纂が始まったのであろう。

　続く五十四番歌は、

大宝元年辛丑の秋九月、太上天皇、紀伊国に幸せる時の歌

と題詞がある。ここからあとは、「〜天皇の代」の歌とは書かれない。巻第一末尾の八十四番歌は、

寧楽《なら》宮

とあって、平城遷都以後に作られた歌であることが示されている。

巻第一は、このように五十三番歌までのより古い部分と、あとから増補された部分とから成る。特に五十三番歌までのより古い部分に収録されているのは、各天皇の御製とあとは額田王と柿本人麻呂の作がほとんどである。そこから、この部分の編纂にこの白鳳期を代表する二人の歌人が関わっていたのではないか、との見方がされる所以がある。持統の監修のもと、この二人の収集した歌がまとめられたのが、その実体ではないかと推定されるのである。これがいわゆる「持統万葉」である。

巻第二の成立

これに続く巻第二は、第一にはない「相聞《そうもん》」（恋愛の歌）と「挽歌《ばんか》」（死者を悼む歌）というジャンル（「部立」）分けがされている。そして巻第二でも巻第一と同じく「〜天皇の

代」と各天皇の時代ごとに配列される。巻題二の冒頭は、仁徳天皇の御世に磐姫《いわのひめ》が作った相聞歌が置かれている。

磐姫皇后、天皇を思ひて作らす歌　四首

君が行き　日《け》長くなりぬ　山尋ね　迎へか行かむ　待ちにか待たむ

（君のお出ましは　ずいぶんと日遠くなりました　山を尋ね　私からお迎えにまいりましょうか　それともひたすら待ちましょうか）

巻第一が雄略天皇の求愛の歌から始まるのと相応するかのようだ。しかも片や男。こちらは女。明らかに対になっている。

その後、「～天皇の代」という時代順の配列が始まるのは天智天皇からで、以後天武の御製と皇子・皇女たちの詠んだ相聞歌が続き、後半は柿本人麻呂の相聞歌が十首続く。百四十一番歌からは挽歌で、斉明天皇の御世から始まり、天智の挽歌、天武の挽歌、持統朝には人麻呂作の日並皇子（草壁皇子）、高市皇子の挽歌の連作が収録され、末尾にはやはり人麻呂作の挽歌で終わる。

こうしたことから、巻第一の五十三番歌までと巻第二とは、もともと一連の計画の下に編纂が進められたもので、まず持統のもとで前者が成り、続いてこれを継いだ元明のもとで後者が成った。これがいわゆる「持統万葉」であり、「元明万葉」であった。このように伊藤博氏は考えた。これには多くの万葉学者と同様、私も全面的に賛成する。

この編纂作業において柿本人麻呂と額田王とが重要な役割を果たしたことも大方の一致する見方であろう。持統と元明がその協力を得て、この勅撰歌集を編纂したことも間違いない。

とりわけ天智朝の後宮女性たちが詠んだ天智の挽歌群などは、大海人皇子と共に天智の生前に近江を離れた持統には知り得ないものである。これは第五章で詳しく述べたように、額田王本人が自らの手元に残していた記録を、のちに天武朝の宮廷——持統のもとに——献上したのであろう。それは壬申の乱を生き残った数少ない者としての責務だったかもしれない。

この歌集は、先に指摘したように、「〜天皇の代」と、その作られた時代順に配列されていた。それはある意味、「歌で綴った各御代の歴史」でもある。『古事記』や『日本書紀』とは異なる観点から見た、これもひとつの歴史の書なのである。それも持統、元明という女帝たちによって作られたものであった。

そういう観点から「持統万葉」・「元明万葉」の記載態度を『日本書紀』と比較してみた

とき、そこに大きな隔たりがあることを、かつて伊藤博氏が明らかにしている。

『万葉集』と『日本書紀』

ひとつは『日本書紀』と異なり、『万葉集』の特に巻第一と巻第二には、政治を諷刺するような歌は一つも掲載されていないことである。『日本書紀』は、最後の「天武紀」と「持統紀」にこそ政治を諷する歌は無いが、「天智紀」末尾の三首は、ともに天智天皇崩後の争いを諷する歌であった。その前に見える「天智紀」十年正月条の歌も、天智天皇に登用された亡命百済人を諷するような内容であり、その前の同九年五月条の歌もやはり壬申の乱の予兆のような不気味さを印象づける歌であった。これらの歌は『万葉集』にはひとつも採録されておらず、そもそも政治を風刺するような歌は『万葉集』巻第一と第二には採用されていない。『万葉集』はそうした類の歌を明らかに避けているのである。

ふたつめは、『万葉集』には、政治的に失脚した人、謀反の罪で殺された人々の歌が収められている点である。『日本書紀』に彼らの歌が収められていないのと対照的である。ここでは世俗の罪などは捨象され、ただ歌の質が尊重されているのだ。有間皇子や大津皇子の歌、倭姫皇后の歌が収められているのも、おそらくこれと同じ採録方針からであろう。

有間皇子の歌も大津皇子の歌も、いわゆる「元明万葉」とされる巻第二に収録されたものであるが、「持統万葉」とされる巻第一でも、天武四年に「罪有り」として因幡に流された麻績《おみ》王に関する歌が二十三番、二十四番に収められている。これらからも、「持統万葉」、「元明万葉」とも、罪人かどうかといった政治的な要素はなるべく捨象される傾向のあることが察せられる。

　こうした編纂方針は、当然持統が立てたものだろう。助手的立場にあった人麻呂や額田王の勧めがあったのかもしれない。それは正史たる『日本書紀』の編纂方針とは異なるものであった。

　持統の行った事績をふりかえると、その多くは、夫天武が着手しながらも彼一代では完成できなかったことを引き継いだものが多い。飛鳥浄御原令の編纂、藤原京の造営、薬師寺の造営もそうで、いずれも天武—持統の二代にわたって完成させた。彼女は夫の果たそうとして、出来なかったことを積極的に引き継ぎ、これを見事に完成させた。

　そのなかで、例外といえるのが史書の編纂であったといわれる。天武は、「帝紀及び上古の諸事」の「記定」を川島皇子を始めとする十二人に命じた（「天武紀」十年三月条）。またこれとは別に稗田阿礼《ひえだのあれ》に「勅語」して「帝皇日継《ていおうのひつぎ》及先代旧辞《せんだいのくじ》」を「誦習」させた

（『古事記』序文）。前者が『日本書紀』、後者が『古事記』編纂の始まりである。しかしながらこの事業は「運《とき》移り、世異りて、未《いま》だ其事《そのこと》行はず」とあるように、おそらく天武の崩御によって中断した。

これを引き継ぎ、完成させるよう取り計らったのは持統ではなく、天武崩御から二十五年ものちの和銅四年の元明天皇であった。元明の詔で太安万侶《おおのやすまろ》が久しぶりに事業を再開し、『古事記』を完成させたのであったが、持統朝、文武朝にはこの事業は中断したままであった。川島皇子らに命じた「帝紀及び上古の諸事」の「記定」事業も、それが『日本書紀』として結実するのはその四十年もあとのことである。持統朝から持統が在世中の文武朝前半ころまでは、史書編纂事業は長い停滞期に入っていたようにみえる。畢竟《ひっきょう》、持統という人は史書編纂には強い熱意を持っていなかったのではないかという見方すらある。

『万葉集』と壬申の乱の記憶

直木孝次郎氏は名著『持統天皇』で、彼女が「天武が志して成らなかった」「歴史の編纂」を「つぐことも計画したらしい」のに「藤原造都」「薬師寺建立」「浄御原令編纂」のようには成功しなかったことについて、以下のように述べる。

「時期が熟さなかったのかもしれないが、それほどの熱意を持統が持たなかったからであろう。彼女は現実の事業を進めるのに熱心で、経てきたあとを記録しまとめておくことには、あまり興味を感じなかったのである。この点でも彼女は、夫より父親に似ていたようである」

これに反論するならば、「持統万葉」の編纂を企図したらしい持統は、決して過去の出来事の記録に関心がなかったわけではない。ただ史書の編纂、とりわけ現代史の記録化には消極的だったようにみえる。それはどうしてであろうか。

先にも述べたように、天武天皇は乱後、近江朝廷の重臣たちには比較的寛大な処置をとってきた。また即位八年目にはこれまでのわだかまりを越え、天智の皇子との宥和を表明し、戦後処理の総括を行なった。しかしその一方で、大きな軍功をあげた豪族たちへの報賞はその後も長く続いていた。

いわゆる「壬申の功臣」である。朝廷は、彼らの死去にあたって高い位階を授け、また功封・功田を与えて、子孫に伝えさせた。特に大宝元年七月、霊亀二年四月などには、十五人、十人に子孫への報賞が行われている。大宝元年は乱から二十九年、霊亀二年は四十四年後のことである。それだけ経ってもなお、壬申の乱で自身が果たした武功を誇る人があり、氏族があった。朝廷もその功績を高く評価していた。壬申の乱は、現政権の礎を作った戦いだったことを誰しも認めていたのである。近江方の勢力との宥和を図る意向とは、そこに葛藤があった。

敵味方に分かれて戦闘に参加した者もまだまだ多く生存している中で、この戦いの記録化を進めるのは人々の対立を再燃させることにつながる。この時代に史書――とりわけ現代史――の編纂が進まなかった理由は、こうした状況にあるのではないだろうか。その代わりに持統天皇は、「持統万葉」の編纂を企図した。そこでは謀反人の汚名を着た人もそうでない人とともに歌を掲載され、天智朝の歌々も収められた。敵味方は関係ないのである。逆に、時勢を諷するような政治性のある歌は採られなかった。政争からは超然とした歌集を編纂しようとした持統の思いが、そこに現れている。

なぜ史実を隠したか

この書物で私は、天智の皇后と持統の母、元明の母の三人は近江宮に殉じて命を絶ったのではないか、と述べた。もちろん『日本書紀』や『続日本紀』、『万葉集』その他残された史料にはそのことを明記するものはひとつもない。しかしここまで述べてきた本書の推測が正しいのであれば、これらの書物はこの事実を書くことを避けたとしか考えられないのである。これらの書物、とりわけ『日本書紀』の壬申の乱についての記述には、そのままには信用できないところが多いのは、既に多くの史家が認めているところである。その実体は、大海人皇子が皇位を反乱によって奪い取ったに等しいものであったが、このことを覆い隠し、彼の挙兵を正当化しようとしている叙述が随所に看取された。

　これとはまた事情が異なるにせよ、『日本書紀』や『万葉集』は、多くの天智の后妃たち——その中に倭姫皇后、遠智娘、姪娘もいた——が大津宮の滅亡とともに命を終えたことを覆い隠そうとしているのである。この痛ましい事実は天武・持統の朝廷ではタブーだったのかもしれない。持統自身にとっても、元明自身にとっても触れられたくない記憶になっていたのではないかと想像する。

　先ほど述べたような「持統万葉」、「元明万葉」の編纂方針は、このことと無関係ではないだろう。そのうえであらためて「近江荒都歌」をこの勅撰集に採用した持統の心中を思い遣ってみたい。またあらためてなぜ人麻呂が近江を訪れたのかを考えてみたい。或いは彼の目的は、崇福寺の参詣だったのではないか。そこで天智とともに持統の母の冥福を祈ることだったのではなかろうか。当然、それは持統天皇の命令、名代としてであったろう。

穂積皇子の「志賀山寺」派遣

先にも記したように、崇福寺では十二月三日と四月十三日、天智天皇と草壁皇子の忌日に悔過法要が行われてきた。持統は自分が行くことは出来ないけれども、名代となる皇子を立てて派遣していたのである。

詠まれた歌は省略するが、『万葉集』巻第二の百十五番の歌の「詞書」にこうある。時代は持統朝だ。

穂積皇子に勅して近江の志賀山寺に遣す時、但馬皇女の作らす歌一首

穂積皇子は、天武の八番目の皇子。「近江の志賀山寺」とは崇福寺である。何の用事でこの皇子はこの寺に遣わされたのか。櫻井信也氏は、同じ持統朝の六年閏五月の『日本書紀』の記事に注目する。このとき、持統天皇は、「筑紫大宰」(のちの大宰府)の長官「河内王」に詔して、「大唐の大使郭務《かくむ》悰《そう》」がかって天智天皇の為に造った「阿弥陀像」を都まで送るよう命じているのである。

大唐大使郭務悰、御近江大津宮天皇の御為に造れる所の阿弥陀像を上送《おく》れ。

(大唐の大使郭務悰が天智天皇の為に造った阿弥陀像を送れ)

唐から郭務悰が大船団を率い、倭国を訪れたが、長く筑紫に足止めされたのち帰国したのは、もう二十年余り前のことだった。この間、彼らは崩御した天智の冥福を祈るために阿弥陀像の造像を発願し奉納していた。しかし混乱していた近江朝廷にはこれを受けとる余裕はなく、筑紫の大宰のもとに留め置かれていた。そして壬申の乱後は、天武がこれの受け取りを拒否した。先にも挙げた、

「天皇、新たに天下を平らげ、初めて即位す。これによりて唯、賀使を除きて以外は召さず」

（「天皇は、新たに天下を平定し、初めて即位された。これによって唯、お祝いの使者を除いてはお召しにならない」）

とあるように、天武は自らの即位を祝う使者や祝いは受け入れたが、天智の病気見舞の使者や天智の崩御を悼む弔問使は受付けなかったからである。そのため、折角唐の使者が亡き天智の為に奉納しようとした阿弥陀像は二十年間、筑紫に置かれっぱなしだったのだ。これを今、都へ上送せよ、と持統は命じた。その狙いは、建設中の崇福寺にこれを安置するためだったのであろう。持統朝に穂積皇子が「近江の志賀山寺に遣」されたのはその任務ではなかったかと、櫻井氏は推測するのである。まことに慧眼であろうと思う。持統は

自分の御世になってから、父天智の追善を少しずつ行うようになったのである。

持統にとって天智は父、草壁は唯一の子である。ただ天智の追善を彼が創立したこの寺で催すのは当然として、なぜ草壁の追善をここでしたのか。草壁とこの寺にどのようなゆかりがあるのかは今も謎のまま残されている。

額田王最後の歌

娘に先立たれた額田王の晩年はどのようなものだったのだろうか。天武朝以降、ほとんど筆を折ってしまったようにみえる彼女だが、晩年の持統朝に天武天皇の皇子である弓削皇子とやり取りをした歌が『万葉集』巻第二の百十一番から百十三番にある。直木孝次郎氏の推測によれば、この歌が作られたのは持統七年ころで、当時彼女は六十三、四歳という。いつ亡くなったのか記録には残されていないが、その晩年だったことは間違いない。

歌わなくなって久しい額田王に、まだ二十代だった若い弓削皇子が歌を贈った。持統天皇の吉野行幸に供奉《ぐぶ》したときに、そこでの感慨を歌にし、額田王に贈ったのだった。

吉野に幸す時に、弓削皇子、額田王に贈り与ふる歌一首
古《いにしえ》に　恋ふる鳥かも　ゆづる葉の　御井の上より　鳴き渡り行く

（昔が　恋しくて鳴いている鳥でしょうか　ゆずり葉の　御井の上を　鳴きながら飛んでいますよ）

旅先で、皇子は一羽の鳥が美しい吉野の渓谷を悠々と飛び去っていくのを見た。彼の眼にはその鳥は去にし世を慕い、時を遡り飛び去っていくように見えた。この感覚を飛鳥の都にいる額田王に届けたいと思った。彼が目にした鳥が恋い慕う古へとは、天武の時代を指すのか、もっと前の時代なのか判然としないが、皇子には若さに似合わぬ、鬱屈した思いがあった。過去の世に惹かれる思いを、人生経験を重ねた額田王に理解してほしかったのだろう。

額田王は返歌を送った。

額田王の和《こた》へ奉る歌一首〔倭京より進る〕

古に　恋ふらむ鳥は　ほととぎす　けだしや鳴きし　わが念《おも》へるごと

（昔を　恋しく思う鳥は　ほととぎすですね　きっと私と同じ気持で　鳴いたのでしょう）

皇子がご覧になった「古に恋ふる鳥」とは、ほととぎすでしょうと王は言う。この鳥には中国古典では特別な意味がもたれていた。四世紀後半に成立した『華陽国志』という漢籍に、ある王が権力を宰相に譲ったけれども、のちにこのことを後悔し、もう一度王位に就きたいと願い、その死後、魂がホトトギスに生まれ変わって鳴いたという伝えがある。のちにこの物語は『後漢書』や『太平御覧』にも引用され、よく知られた話だったらしい。

若い弓削皇子にこの知識があったかどうかはわからない。それでも額田王は皇子を癒し慰める思いでこのように返した。そして「けだしや鳴きし　わが念へるごと」と、自分もまた「古」を「恋ふ」ていることを明かした。今の世とは隔たりを感じていたのである。彼女が「恋ふる」「古へ」とはいつ頃のことなのか。素朴な弓削皇子はきっと父天武の御世と受け取ったかもしれぬ。多くの注釈も同様だ。しかし王の真意は判然とはしない。直木孝次郎氏はそれを天智朝という。彼女が一番輝いていた時代だからである。

返歌を受け取った皇子は、王に再び歌を送った。その歌は伝えられていないが、これを記した文を吉野の美しい松の枝に結びつけて、遣わした。これに対する王の返礼の歌が以下である。若い皇子への感謝の意が込められている。

　　吉野より苔むす松ヶ枝を折り取りて遣はす時に、額田王の奉入る歌一首

　み吉野の　玉松が枝の　愛《は》しきかも　君が御言を　持ちて通はく

（み吉野の　玉のような松ヶ枝は　いとおしいこと　あなたのお言葉を　運んでくれま

天武・持統天皇陵

したよ）

これが伝わる額田王最後の歌である。彼女自身吐露しているように天武・持統朝は王にとって決していい時代ではなかった。しかし不満をことさら吐くこともせず、ほとんど沈黙のまま彼女は晩年の日を過ごした。王にとっては、天智の崩御ののち、近江宮を出、山科陵でその埋葬を見届け、娘、孫と大和に帰ってからの日々は余生に過ぎなかったのかもしれない。倭姫皇后から託された天智の挽歌群を持統に奉呈し、この眼で見た天智の最期の様子や殯の様子を伝えたことで、その責務は果たした思いだったのかもしれない。あとは思い残すこともなかったのではないだろうか。

持統の最期

持統は、即位十年、早逝した息子草壁皇子の忘れ形見である孫の軽皇子に皇位を譲った。文武天皇の誕生である。このとき文武はまだ十五歳。いささか早い即位ではあったが、持統が後見役となって見守り、スムーズな皇位継承が実現した。天武にも持統にも、二度と皇位をめぐる大きな戦さが勃発するのだけは避けようという思いが読み取れる。先に述べた「持統万葉」は、時間的にも精神的にも余裕の出来たこの時期に編纂が進められたのであろう。皇位を譲って五年、大宝律令が完成し、施行されるのを見届けたように持統太上天皇は崩じた。大宝二年十二月二十二日であった。

その遺言は、

素《そ》服《ふく》挙《こ》哀《あい》すること勿《なか》れ。内外の文武の官の釐《り》務《む》は、常の如くせよ。喪葬の事は務めて倹約に従へ。

（喪服を着て大声で泣く儀式はしてはならぬ。畿内・畿外を問わず、文武の官吏の政務は常の通りに行ないなさい。葬送の儀礼はできるだけ簡素に行ないなさい）

であった。律令国家を完成した精勤な持統にふさわしい言葉だ。その遺体は天皇としては初めて火葬に付された。これはもちろん仏教の影響であるが、火葬によってこれまで何年も要した殯による葬礼が簡略化された。スムーズな政権移行という点では、生前譲位にもそうしたねらいがあったであろうし、火葬という簡略な葬送もまたこの意図に叶うはたらきもあったであろう。

この持統が生前最後に指示したであろうこと。それは、父天智と祖母斉明の陵の修復を命じ、天智の忌日を廃務とするよう命じたことである。

十二月甲午、勅して曰く「九月九日、十二月三日は、先帝の忌日なり。諸司、この日に当たりて廃務とすべし」。

（十二月甲午、勅して曰く「九月九日と十二月三日は、先帝の忌日である。諸々の官司は、この日に当たって廃務とせよ」）

詔であるから、形式上は文武天皇の言葉だが、実際には持統の意志であろう。廃務とは役所を休みとするということ、天智と天武の業績を記念し、彼らの命日を休日とするというのである。実際には天武の亡くなった九月九日は、その翌年から追善供養が行われ、忌日とされてきた。このたび没後三十年たって初めて天智の命日である十二月三日も、忌日に加えられたのだった。天智陵の修復と併せて、いわばこれは天智の名誉回復であった。

以来、この日には崇福寺では百人の僧侶による「転経礼仏《てんきょうらいぶつ》」の法要が行われることになる。これでやっと安堵したのだろうか。まもなく彼女もこの世を去る。晩年の持統はかつての壬申の乱——天智・天武の対立——を宥和し、超克する道を追い求めていたように思える。近江宮の滅亡と共にこの世を去った母への思いと合わせて、両親への追善の気持ちを温めていたのではないだろうか。持統の崩御とともに本書もここで筆を置こうと思う。

おわりに

この稿の完成近い二〇二一年六月一日、滋賀県立公文書館を訪ねて、昭和五十年の滋賀県行幸を記録した同県編『行幸啓誌』と、地元紙「滋賀日日新聞」の記事を閲覧させていただいた。

新聞によると、県は当時七十四歳の天皇を気遣ってスケジュールを短縮化することも検討したが、「『手をぬいてほしくない』とおおせになった」とのことで、予定通りのスケジュールが組まれ、弘文天皇陵の参拝は「急遽スケジュールに追加された」とある。始めは予定になかった御陵参拝が、どのような思いからだったのかわからぬが、天皇の意志で追加されたのだった。「はじめに」に記したように参拝後のコメントは型通りのものではあったが、滋賀県内唯一の天皇陵に対し、昭和天皇にはやはり何がしかの思い入れがあったようである。

『行幸啓誌』には、新緑のなか御陵の参道を歩く天皇の姿、遅れて皇后、さらに宮内庁長

長等山前陵（弘文天皇陵）を参拝する昭和天皇（『行幸啓誌』）

官、侍従長らが随従する姿を収めた一葉があった。掲載をみとめていただいた滋賀県立公文書館の皆様にはこの場を借りて御礼申し上げる。

　大津宮の旧都は私の亡き母の生家とも近く、付近を小学生のころ二人で何度か歩いた思い出もある。「大津京」は、私が古代史に関心を抱いた始めでもあった。一九七〇年代前半くらいまではこのあたりはまだ田園も多く、茅葺の家も残っていたりして鄙びた雰囲気が漂っていたように思う。母はひとり娘であったため、中島という名の生家は今は途絶え、園城寺内に一族の大きな墓園が残るばかりである。小学生の頃、京阪電車滋賀里駅を降りたあたり一帯に広がる田畑の前で、ここにかつての中島家の屋敷があったと聞かされた記憶がある。住宅が立ち並ぶ今では、それがどの辺りだったのかもわからなくなってしまった。

本書の内容の原型は、「天智朝の後宮と壬申の乱」（「堺女子短期大学紀要」第四六・四七合併号、二〇一二年）に書いた内容を中心に、このほか「『日本書紀』の天智天皇と大海人皇子の最後の会話について」（木本好信編『古代史論聚』二〇二〇年）、「古代天皇と天命思想～七世紀を中心として～」（「日本史研究」第五二三号、二〇〇六年、のちに『日本古代の思想と天皇』二〇二〇年）、「七、八世紀の天皇と氏族についての三つの覚書」（「龍谷大学日本古代史論集」創刊号、二〇一八年）、「吉野盟約と天智系皇族」（横田健一編『日本書紀研究』第二十一冊、一九九七年、のちに『日本古代の思想と天皇』二〇二〇年）に発表したものをまとめたものである。

なお読者も気づかれるように、本書では膨大な先行研究のうち、故直木孝次郎氏の『壬申の乱』『日本の歴史2古代国家の成立』『額田王』などの著作を最も多く参考にし、また批判させていただいた。末尾にあたり、故直木先生よりいただいた学恩にあらためて感謝申し上げたいと思う。

最後になったが、このたびお世話になった文春新書編集部水上奥人氏、田中貴久氏に感謝の意を表したい。

参考文献

はじめに

『行幸啓誌』（編集・発行 滋賀県、一九七五年）

滋賀日日新聞　一九七五年五月二十五日付

第一章

直木孝次郎『壬申の乱』（一九九二年）、「中大兄の名称をめぐる諸問題」（『日本書紀研究』第二十七冊、二〇〇六年）

亀田隆之『壬申の乱』（一九七三年）

北山茂夫『壬申の内乱』（一九七八年）

足利健亮「勢多橋と古代官道」（『考証・日本古代の空間』一九九五年）

草津市教育委員会『草津市史』第一巻（一九八一年）

第二章

大和岩雄『日本書紀成立考』（二〇一〇年）

森公章『天智天皇』（二〇一六年）

吉永登「間人皇女」（『万葉　文学と歴史のあいだ』一九六七年）

今尾文昭「二つの斉明陵」（『律令期陵墓の成立と都城』二〇〇八年）

白石太一郎「牽牛子塚古墳と岩屋山古墳」（『古墳の被葬者を推理する』二〇一八年）
家永三郎「飛鳥寧楽時代の神仏関係」（『上代仏教思想史研究』一九四二年）
林博通『大津京跡の研究』（二〇〇一年）
田村圓澄「国家仏教の成立過程」（『日本仏教史　一　飛鳥時代』一九八二年）
水谷千秋「古代天皇と天命思想〜七世紀を中心として〜」（『日本古代の思想と天皇』二〇二〇年）
井上光貞「古代の皇太子」（『日本古代国家の研究』一九六五年）
青木和夫「藤原鎌足と大化改新」（『白鳳・天平の時代』二〇〇三年）

第三章
水谷千秋「『日本書紀』の天智天皇と大海人皇子の最後の会話について」（木本好信編『古代史論聚』二〇二〇年）
森博達『日本書紀の謎を解く』（一九九九年）
直木孝次郎『古代国家の成立』（「日本の歴史」2、一九六五年）、「天智天皇」（『直木孝次郎古代を語る8　飛鳥の都』二〇〇九年、初出一九七四年）
北山茂夫『壬申の内乱』（前掲）
井上光貞『飛鳥の朝廷』（「日本の歴史」3、一九七四年）
松本清張『清張通史5　壬申の乱』（一九七九年）

第四章
窪田空穂『万葉集評釈』（一九四三年）

西郷信綱『万葉私記』（一九七〇年）
伊藤博『万葉集釈注　一』（二〇〇五年）
直木孝次郎「忍壁皇子」（『飛鳥奈良時代の研究』一九七五年）
水谷千秋「七、八世紀の天皇と氏族についての三つの覚書」（「龍谷大学日本古代史論集」創刊号、二〇一八年）
角川書店編『日本史探訪3　律令体制と歌びとたち』（一九八四年）
青木和夫『白鳳・天平の時代』（二〇〇三年）
直木孝次郎『持統天皇』（一九六〇年）
家永三郎「孝徳紀の史料学的研究」（坂本太郎博士還暦記念会編『日本古代史論集』上、一九六二年）
日野昭「山田寺と蘇我氏」（『日本古代氏族伝承の研究』一九七一年）

第五章

直木孝次郎『額田王』（二〇〇七年）、「近江朝末年における日唐関係～唐使郭務悰の渡来を中心に～」（『古代日本と朝鮮・中国』一九八八年）
身崎寿『宮廷挽歌の世界』（一九九四年）、『額田王―万葉歌人の誕生―』（一九九八年）
斎藤茂吉『万葉秀歌』（一九三八年）
毛利正守「額田王の心情表現―「秋山我れは」をめぐって―」（「文林」第二〇号、一九八五年）
伊藤博『万葉集の構造と成立』上下（一九七四年）
山本健吉・池田弥三郎『万葉百歌』（一九六三年）

阿蘇瑞枝『万葉集全歌講義（巻第一・巻第二）』第一巻（二〇〇六年）
田辺聖子『田辺聖子の万葉散歩』（二〇二〇年）
倉本一宏『戦争の日本史2　壬申の乱』（二〇〇七年）
遠山美都男『天智と持統』（二〇一〇年）
伊藤博『万葉集釈注　一』（前掲）
直木孝次郎『額田王』（前掲）
白石太一郎「牽牛子塚古墳と岩屋山古墳」（前掲）
河上邦彦『飛鳥を掘る』（二〇〇三年）
藤堂かほる「天智陵の営造と律令国家の先帝意識」（『日本歴史』第六〇二号、一九九八年）
笹山晴生「『従山科御陵退散之時額田王作歌』と壬申の乱」（『国文学』第二三巻第五号、一九七八年）

第六章

横田健一「壬申の乱前における大海人皇子の勢力について」（『白鳳天平の世界』一九七三年）
直木孝次郎『壬申の乱』（前掲）
田中卓『壬申の乱とその前後』（『田中卓著作集』第五巻、一九八五年）
仁藤敦史「『大津京』の再検討」（『史観』第一一五号、一九八六年）
新井喜久夫「古代陵墓制雑考」（『日本歴史』第二二二号、一九六六年）
北康宏「律令国家陵墓制度の基礎的研究」（『日本古代君主制成立史の研究』二〇一七年）
井村哲夫「倭姫大后論」（『園田学園女子大学論文集』第一号、一九六七年）

北山茂夫『壬申の内乱』（前掲）
坂本太郎「天武天皇壬申紀の虚実」（『古事記と日本書紀』坂本太郎著作集第二巻、一九八八年）
櫻井信也「志賀山寺（崇福寺）の造立に関する問題」（『大谷大学大学院研究紀要』第五号、一九八八年）、「志賀山寺の『官寺』化と仏事法会」（『日本書紀研究』第二十冊、一九九六年）

第七章

水谷千秋「吉野盟約と天智系皇族」（『日本古代の思想と天皇』二〇二〇年）
田辺聖子『田辺聖子の万葉散歩』（前掲）
吉川忠夫「真人と革命」（『東洋学術研究』第一七巻第五号、一九七八年）
益田勝実「柿本人麻呂の抒情の構造―その一・反歌の特色―」（『日本文学』第六巻第二号、一九五七年）
身崎寿「近江荒都歌論」（伊藤博博士古稀記念論文集『萬葉学藻』一九九六年）
毛利正守「人麻呂の皇統意識」（『上代文学』第八七号、二〇〇一年）
伊藤博『万葉集の構造と成立』上下（前掲）
直木孝次郎『持統天皇』（前掲）

水谷千秋（みずたに ちあき）

1962年滋賀県大津市生まれ。龍谷大学大学院文学研究科博士後期課程単位取得（国史学）。博士（文学）。堺女子短期大学副学長。日本古代史専攻。著書に『継体天皇と古代の王権』『日本古代の思想と天皇』（以上和泉書院）、『謎の大王 継体天皇』『女帝と譲位の古代史』『謎の豪族蘇我氏』『謎の渡来人 秦氏』『継体天皇と朝鮮半島の謎』（以上文春新書）、『古代豪族と大王の謎』（宝島社新書）など。

文春新書

1324

女《おんな》たちの壬申《じんしん》の乱《らん》

2021年8月20日　第1刷発行

著　者　水谷千秋
発行者　大松芳男
発行所　株式会社 文藝春秋

〒102-8008　東京都千代田区紀尾井町3-23
電話（03）3265-1211（代表）

印刷所　理想社
付物印刷　大日本印刷
製本所　大口製本

定価はカバーに表示してあります。
万一、落丁・乱丁の場合は小社製作部宛お送り下さい。
送料小社負担でお取替え致します。

ISBN978-4-16-661324-3